本书由
中央高校建设世界一流大学（学科）
和特色发展引导专项资金
资助

中南财经政法大学"双一流"建设文库

数 | 字 | 经 | 济 | 系 | 列

中小高科技企业不同成长阶段融资模式研究：从研发资产证券化到可转债的契约设计

吴卫华 著

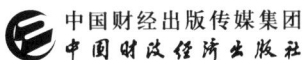

中国财经出版传媒集团
中国财政经济出版社

图书在版编目（CIP）数据

中小高科技企业不同成长阶段融资模式研究：从研发资产证券化到可转债的契约设计／吴卫华著． — 北京：中国财政经济出版社，2019.12

（中南财经政法大学"双一流"建设文库．数字经济系列）

ISBN 978-7-5095-9416-2

Ⅰ.①中… Ⅱ.①吴… Ⅲ.①高技术企业－中小企业－融资模式－研究－中国 Ⅳ.①F279.244.4

中国版本图书馆 CIP 数据核字（2019）第 246293 号

责任编辑：武志庆　　　　责任校对：胡永立
封面设计：陈宇琰

中小高科技企业不同成长阶段融资模式研究：从研发资产证券化到可转债的契约设计
ZHONGXIAO GAOKEJI QIYE BUTONG CHENGZHANG JIEDUAN RONGZI MOSHI YANJIU：
CONG YANFA ZICHAN ZHENGQUANHUA DAO KEZHUANZHAI DE QIYUE SHEJI

中国财政经济出版社 出版

URL：http://www.cfeph.cn
E-mail：cfeph@cfemg.cn

（版权所有　翻印必究）

社址：北京市海淀区阜成路甲 28 号　邮政编码：100142
营销中心电话：010-88191537
北京财经印刷厂印装　各地新华书店经销
787×1092 毫米　16 开　11.25 印张　180 000 字
2019 年 12 月第 1 版　2019 年 12 月北京第 1 次印刷
定价：52.00 元
ISBN 978-7-5095-9416-2
（图书出现印装问题，本社负责调换）
本社质量投诉电话：010-88190744
打击盗版举报热线：010-88191661　QQ：2242791300

总　序

"中南财经政法大学'双一流'建设文库"是中南财经政法大学组织出版的系列学术丛书，是学校"双一流"建设的特色项目和重要学术成果的展现。

中南财经政法大学源起于1948年以邓小平为第一书记的中共中央中原局在挺进中原、解放全中国的革命烽烟中创建的中原大学。1953年，以中原大学财经学院、政法学院为基础，荟萃中南地区多所高等院校的财经、政法系科与学术精英，成立中南财经学院和中南政法学院。之后学校历经湖北大学、湖北财经专科学校、湖北财经学院、复建中南政法学院、中南财经大学的发展时期。2000年5月26日，同根同源的中南财经大学与中南政法学院合并组建"中南财经政法大学"，成为一所财经、政法"强强联合"的人文社科类高校。2005年，学校入选国家"211工程"重点建设高校；2011年，学校入选国家"985工程优势学科创新平台"项目重点建设高校；2017年，学校入选世界一流大学和一流学科（简称"双一流"）建设高校。70年来，中南财经政法大学与新中国同呼吸、共命运，奋勇投身于中华民族从自强独立走向民主富强的复兴征程，参与缔造了新中国高等财经、政法教育从创立到繁荣的学科历史。

"板凳要坐十年冷，文章不写一句空"，作为一所传承红色基因的人文社科大学，中南财经政法大学将范文澜和潘梓年等前贤们坚守的马克思主义革命学风和严谨务实的学术品格内化为学术文化基因。学校继承优良学术传统，深入推进师德师风建设，改革完善人才引育机制，营造风清气正的学术氛围，为人才辈出提供良好的学术环境。入选"双一流"建设高校，是党和国家对学校70年办学历史、办学成就和办学特色的充分认可。"中南大"人不忘初心，牢记使命，以立德树人为根本，以"中国特色、世界一流"为核心，坚持内涵发展，"双一流"建设取得显著进步：学科体系不断健全，人才体系初步成型，师资队伍不断壮大，研究水平和创新能力不断提高，现代大学治理体系不断完善，国际交流合作优化升级，综合实力和核心竞争力显著提升，为在2048年建校百年时，实现主干学科跻身世界一流学科行列的发展愿景打下了坚实根基。

"当代中国正经历着我国历史上最为广泛而深刻的社会变革，也正在进行着人类历史上最为宏大而独特的实践创新"，"这是一个需要理论而且一定能够产生理论的时代，这是一个需要思想而且一定能够产生思想的时代"①。坚持和发展中国特色社会主义，统筹推进"五位一体"总体布局和协调推进"四个全面"战略布局，实现"两个一百年"奋斗目标、实现中华民族伟大复兴的中国梦，需要构建中国特色哲学社会科学体系。市场经济就是法治经济，法学和经济学是哲学社会科学的重要支撑学科，是新时代构建中国特色哲学社会科学体系的着力点、着重点。法学与经济学交叉融合成为哲学社会科学创新发展的重要动力，也为塑造中国学术自主性提供了重大机遇。学校坚持财经政法融通的办学定位和学科学术发展战略，"双一流"建设以来，以"法与经济学科群"为引领，以构建中国特色法学和经济学学科、学术、话语体系为己任，立足新时代中国特色社会主义伟大实践，发掘中国传统经济思想、法律文化智慧，提炼中国经济发展与法治实践经验，推动马克思主义法学和经济学中国化、现代化、国际化，产出了一批高质量的研究成果，"中南财经政法大学'双一流'建设文库"即为其中部分学术成果的展现。

文库首批遴选、出版二百余册专著，以区域发展、长江经济带、"一带一路"、创新治理、中国经济发展、贸易冲突、全球治理、数字经济、文化传承、生态文明等十个主题系列呈现，通过问题导向、概念共享，探寻中华文明生生不息的内在复杂性与合理性，阐释新时代中国经济、法治成就与自信，展望人类命运共同体构建过程中所呈现的新生态体系，为解决全球经济、法治问题提供创新性思路和方案，进一步促进财经政法融合发展、范式更新。本文库的著者有德高望重的学科开拓者、奠基人，有风华正茂的学术带头人和领军人物，亦有崭露头角的青年一代，老中青学者秉持家国情怀，述学立论、建言献策，彰显"中南大"经世济民的学术底蕴和薪火相传的人才体系。放眼未来、走向世界，我们以习近平新时代中国特色社会主义思想为指导，砥砺前行，凝心聚

---

① 习近平：《在哲学社会科学工作座谈会上的讲话》，2016年5月17日。

力推进"双一流"加快建设、特色建设、高质量建设,开创"中南学派",以中国理论、中国实践引领法学和经济学研究的国际前沿,为世界经济发展、法治建设做出卓越贡献。为此,我们将积极回应社会发展出现的新问题、新趋势,不断推出新的主题系列,以增强文库的开放性和丰富性。

"中南财经政法大学'双一流'建设文库"的出版工作是一个系统工程,它的推进得到相关学院和出版单位的鼎力支持,学者们精益求精、数易其稿,付出极大辛劳。在此,我们向所有作者以及参与编纂工作的同志们致以诚挚的谢意!

因时间所囿,不妥之处还恳请广大读者和同行包涵、指正!

中南财经政法大学校长

前 言

在创新驱动经济增长的"新常态"下,作为创新主体的中小高科技企业须首先获得研发资金,进而才能为实现创新型国家战略作出贡献。然而研发活动具有较高的信息不对称和不确定性,中小高科技企业的可抵押物少且收益波动大,导致其目前通过门槛较高的银行借贷及股权等融资方式无法从根本上解决融资难问题,亟需发展与中小高科技企业的不同创新成长阶段特征和融资需求相匹配并与股权融资衔接的直接债务融资模式。因此,本书首先研究初创期中小高科技企业如何以研发资产作抵押从金融中介获得融资,进而由金融中介通过构建研发资产池并运用证券化技术发行不同信用评级债券,形成资金从投资者经金融中介流向中小高科技企业的融资模式;其次探讨经金融中介筛选进入研发资产池的中小高科技企业进入成长期后,如何通过发行具有合理行权条款的可转债以提高融资效率;最后鉴于相关研发信息的披露对研发资产证券化债务融资契约和可转债融资契约的发行都具有重要影响,探究中小高科技企业研发信息披露这一降低信息不对称的行为可否提高企业的债务融资水平。

本书基于"啄食次序理论"、金融成长周期理论、不完全契约理论和信息不对称理论,综合运用数理模型和经验研究等互补的研究方法,从中小高科技企业创新成长阶段和连接股权融资的直接债务融资契约相匹配的视角,研究从研发资产证券化债务融资契约到可转债的融资模式,对促进我国中小高科技企业的融资和创新具有重要的理论与现实意义。

本书主要取得了以下三个方面的创新性成果:

(1)基于初创期中小高科技企业的高研发风险特征和保护投资者收益的需求,提出通过金融中介构建研发资产池向投资者发行债券的研发资产证券化融资模式,并分别构建以企业家与金融中介为主体和以金融中介与投资者为主体的债务契约模型,得出可降低企业家违约概率的附带可再谈判条款的债务契约和提高金融中介筛选研发资产努力水平的最优支付方式。具体发现：相比无债务再谈判情形，企业家和金融中介签订附带可再谈判条款的债务契约，可以降低企业家违约的概率和金融中介破产清算的概率，有利于企业从金融中介获得融资；金融中介和投资者之间的债务契约履行过程中，投资者可根据债券违约状况确定向金融中介支付报酬的最优时间点和金额，进而可以提高金融中介筛选研发资产的努力水平，并降低企业家的违约概率。研究结论完善了研发资产证券化过程中债务融资契约的再谈判机制及最优支付方式的相关研究。

（2）基于成长期中小高科技企业的高预期收益特征和投资者分享收益的需求，构建以企业家和投资者为主体的可转债融资契约博弈模型，给出具有不同行权条款的可转债契约实现激励相容的边界条件，且发现控制权相机配置可提高可转债契约的总收益。为了解决成长期中小高科技企业和可转债投资者之间因信息不对称引起的激励不相容，将可转债的不同行权条款与控制权相机配置相结合，构建以企业家和投资者为主体的可转债融资契约博弈模型。研究发现：相较简单可转债，不带限制条件的可赎回可转债能够在一定边界条件下激励企业家和投资者进行最优投入；带限制条件的可赎回可转债实现激励相容的边界条件比不带限制条件的可赎回可转债更广，适用范围更大；控制权相机配置能提高所有类型可转债的总收益。研究结论揭示了不同行权条款影响可转债契约融资效率的边界条件，丰富了可转债的相关研究，并为成长期中小高科技企业在不同边界条件下选择高融资效率的可转债契约提供决策依据。

（3）鉴于研发信息披露对降低研发资产证券化债务融资契约和可转债融资契约中的信息不对称具有重要作用，实证检验发现了中小高科技企业披露的不同研发信息对企业债务融资水平所产生的不同影响，即披露的研发投入强度与债务融资水平负相关，披露的研发项目进展与债务融资水平正相关，且披露的研发项目进展对研发投入强度与债务融资水平的负相关关系具有负向调节作用。披露研发信息是降低中小高科技企业与金融中介及债权投资者之间信息不对称，配合从研发资产证券化债务契约到可转债契约的实施并提高融资效率的关键。以新三板高科技企业在2010—2015年报中所披露的研发信息作为研究样本，对高科技企业披露的研发投入和研发项目进展与企业债务融资水平之间的关系进行实证检验。研究发现：披露的研发投入强度越高，债务融资水平越低；披露的研发项目进展越顺利，债务融资水平则越高；研发项目进展可削弱研发投入强度对企业债务融资水平的负面影响。研究结论启示中小高科技企业需适当增加研发信息透明度来提高其研发资产证券化债务契约和可转债契约的融资规模。

目　录

第 1 章　绪论   **1**
   1.1　研究背景   1
   1.2　研究问题的提出与核心概念界定   15
   1.3　研究目的与意义   19
   1.4　研究方法的选择   22
   1.5　研究内容和框架   24

第 2 章　文献综述   **26**
   2.1　中小企业融资难的现状与原因   26
   2.2　中小企业创新与融资的关系研究   29
   2.3　中小企业信息不对称和不完全契约研究   33
   2.4　中小企业创新与融资契约   40
   2.5　已有研究述评及本章研究起点   49

第 3 章　初创期中小高科技企业的研发资产证券化债务融资契约理论研究   **51**
   3.1　研究思路和研究内容   51
   3.2　企业与金融中介之间的债务契约   54
   3.3　金融中介与投资者之间的债务契约   60
   3.4　本章小结   78

第 4 章　成长期中小高科技企业的可转债融资契约理论研究   **79**
   4.1　研究思路和研究内容   79

  4.2 模型设定 82
  4.3 模型分析及命题提出 86
  4.4 本章小结 101

第5章 研发信息披露对中小高科技企业债务融资契约影响的经验研究 103
  5.1 经验研究框架 104
  5.2 经验研究设计 108
  5.3 经验结果分析 112
  5.4 本章小结 124

第6章 结论 125
  6.1 本书主要结论 125
  6.2 本书创新点 127
  6.3 相关政策建议 129
  6.4 研究不足和未来研究展望 132

附录 133
  附录A 研发资产证券化债务融资契约实验说明书 133
  附录B 资产证券化实验 z‑Tree 实验程序(部分) 135
  附录C 风险偏好测试问卷 139
  附录D 不同可转债契约激励约束效应实验说明书 140
  附录E 可转债实验 z‑Tree 实验程序（部分） 143

参考文献 148

第1章 绪 论

1.1 研究背景

创新被广泛认为是影响国家和企业竞争成效的关键因素（Tourigny 和 Le，2004）。为了增强自主创新能力，转变经济增长模式，近年来我国正逐步实施创新型国家战略以适应"从要素和投资驱动转向创新驱动"的经济"新常态"。为了实现这一目标，中小高科技企业作为创新主体，需要提高其参与创新的程度并增加研发投入。但是创新研发的高度信息不对称和收益不确定性等特征使得中小高科技企业难以获得银行信贷等间接融资（Hall，2010），因而普遍存在融资难问题。

为了解决中小高科技企业的融资难问题，支持其增加研发投入以构建核心竞争力并实现做大做强，近年来我国一直在努力拓宽中小企业的直接融资渠道，尤其重视发展新三板市场以服务于中小企业尤其是中小高科技企业融资。目前我国中小高科技企业主要通过风险投资、协议转让、定向增发和做市商交易等股权方式以及银行借贷进行融资，融资成本高且投资者风险较大，仅有少数企业能够真正实现融资①，无法满足市场上数量庞大且处于不同发展阶段的中小高科技企业的融资需求，对投资者也缺乏足够保护和吸引力，因而融资效率较低。根据"啄食次序理论"（Pecking Order Theory）和金融成长周期理论（Financial Growth Cycle Theory），企业不同成长阶段的融资需求、渠道和结构会随资产信息和规模等约束条件的变化而变化，且会在面临严格信息约束时优先考虑外源性

---

① 根据 Wind 金融终端披露的新三板挂牌企业交易数据，目前大约 10% 的新三板企业占据了近 90% 的交易量（包括定增、协议转让和做市商交易量），可见新三板市场交易低迷，大多数企业仍然难以通过股权交易方式获得融资。

的债务融资（Mayers 和 Majluf，1984；Berger 和 Udell，1998）。初创期中小高科技企业的信息不对称程度最高，投资者面临高度风险，以企业研发资产作为标的的资产证券化债务融资契约可通过内在分化和风险整合模式来降低企业的融资成本和投资者风险，目前正逐渐成为初创高科技企业的最有效融资方式（Franke 和 Krahnen，2007）。而成长期中小高科技企业虽面临信息约束，却拥有许多未来投资机会（如研发成果），非常适合利用可转债契约进行融资，在降低融资成本的同时，兼顾债权投资安全性和高转股期权收益，实现投融资双方的激励相容（Mayers，2000）。当然，中小高科技企业也需要规范信息披露制度，向研发资产证券化债务融资契约和可转债融资契约的其他利益相关方（包括金融中介和投资者）披露创新研发的关键信息（如研发投入和研发项目进展），降低企业与利益相关方之间的信息不对称及利益相关方的信息搜寻成本，从而提高中小高科技企业的债务融资效率。因此，根据初创期和成长期中小高科技企业的成长特征和融资需求，设计与之相匹配的从研发资产证券化债务融资契约到可转债融资契约的融资模式，并厘清研发信息披露（降低信息不对称）对债务融资的影响，无疑可为现有股权融资提供补充和改进，提高融资效率。但是，囿于现有研究方法和数据的局限性，目前尚无学者从中小高科技企业的不同成长阶段和具体债务融资契约相结合的视角，研究中小高科技企业创新和成长过程中的融资问题，并检验研发信息披露对债务融资的重要影响。

本书基于"啄食次序理论"、金融成长周期理论、不完全契约理论和信息不对称理论，应用理论研究和实证研究方法，克服单一研究方法固有的局限性，发挥各种研究方法的优势，互为补充，根据中小高科技企业从初创期到成长期的特征和融资需求，设计从研发资产证券化债务融资契约到可转债融资契约的融资模式，同时发掘研发信息披露对债务融资契约的影响，丰富了中小企业融资和企业创新理论。在此基础上，本书也能够为我国多层次资本市场体系建设提供具有探索意义的研究结论和可供参考操作的政策建议。

1.1.1 现实背景

（1）创新型国家战略和经济"新常态"要求加大中小高科技企业研发投资力度

近年来，随着技术进步和社会经济发展水平的提高，我国迫切需要改变传统经济发展模式，寻找经济"新常态"下的增长驱动力以实现创新型国家战略。建设创新型国家要求以技术创新作为社会经济发展的核心驱动力，要求有较高的社会创新研发投入水平。2014 年我国全社会研发投入占 GDP 的比重已经达到 2.1%，其中作为社会创新主体的企业支出占 76% 以上①。科技部也在 2008 年将企业研发投入强度作为创新型企业的首要评价标准。显然，研发投入已成为衡量创新型国家和创新型企业的首要指标，实施创新型国家战略的首要任务即要加大企业的研发投入水平。中小高科技企业作为我国创新的主要力量，主要分布于高新技术产业和传统产业中技术含量较高的产业链，以创新作为生存手段，是经济发展的重要动力（Jones – Evans 和 Klofsten，1997），其行为包含明显的科技成分并将之作为竞争优势的主要来源（McNally，1995）。我国工信部 2012 年的统计数据显示，中小高新技术企业创造了我国 65% 的专利 80% 的新产品，在培育新兴产业、推动技术创新以及促进我国传统经济向知识型、高附加值和高收益经济转型过程中发挥着重要作用，是实施创新型国家战略的重要载体。因此，我国实施创新型国家战略和实现创新驱动的经济"新常态"需要特别强调和支持中小高科技企业的创新研发活动，加大中小高科技企业的创新研发投资力度。

（2）我国中小高科技企业创新研发投资仍面临较高的债务融资约束

处于不同成长阶段的中小高科技企业在创新研发的过程中，均需要大量的资金投入，但是与大型企业与国有企业相比，我国中小高科技企业通常面临非常严重的融资约束。根据国家统计局的有关数据统计，2013 年我国私营企业、乡镇企业和个体贷款中的短期贷款总额只占我国全年短期贷款总额的 12%②，且几乎无法获得长期贷款。由于面临信息不透明、缺乏有效抵押物、信用基础设施落后等问题，我国中小高科技企业在间接融资市场上普遍难以获得银行授信（李志，2002）。中小高科技企业的产品和服务主要依赖于科学技术知识，其融资也主要是为了投入创新研发以保持竞争力。但是中小高科技企业研发活动特有的高度信息不对称、高度偏态分布、收益的不确定性特征也加剧了中小企业债务融资的难度（Hall，2010），因而面临更加严峻的融资难问题。我国新三板市场主要为中小高科技企业提供融资服务，据 Wind 披露的数据统计，2010—

---

① 数据来源：中国行业研究网，http：//www.chinairn.com/news/20150113/085730840.shtml。
② 根据国家统计局网站上公布的 2013 年统计数据计算得到。http：//www.stats.gov.cn/tjsj/ndsj/2013/indexch.htm。

2014 年新三板挂牌企业的平均负债率为 35.4%，远低于同期我国 A 股上市公司 45.05% 的平均负债率。间接和直接的债务融资约束已经严重影响到我国中小高科技企业的经营活动和投资行为，直接制约其持续创新能力和发展，限制了企业做大做强，技术成果难以实现产业化。虽然近年来国家采取了一系列扶持政策，包括鼓励和支持国有大中型银行增加对中小企业的授信额度，建立信用担保和风险投资系统，组建地方中小商业银行等，但是这些有限的信贷资源仍然无法满足全国大量中小高科技企业的债务融资需求，并未从根本上解决其融资难问题，而新三板企业较低的负债水平也说明我国中小高科技企业的债务融资规模普遍较小，在发展和成长过程中还有较大提升空间，可以适当扩大债务融资规模来支持企业的研发投入。

（3）债市发展严重滞后，国家鼓励扩大中小企业债务融资规模并支持债务融资创新

据央行数据显示，2014 年我国全社会融资规模为 16.46 万亿元，而企业债券净融资规模为 2.43 万亿元，仅占全社会融资规模的 14.76%[①]。从目前的债券市场结构来看，中小企业对债务融资的需求最为迫切。由于我国金融市场债券品种匮乏，扩大中小高科技企业的债务融资规模不仅能够降低企业融资成本，丰富债券市场的投资标的，同时也能通过债券信用层级来进一步优化我国的利率市场化改革对资金的优化配置作用，从而缓解中小高科技企业融资困境。正因认识到债券市场发展的滞后以及债务融资在降低企业融资成本和缓解中小企业融资难方面的巨大作用，近年来我国管理层密集出台了有利于中小高科技企业债务融资的政策法规并做了先期试点工作和研究。如 2009 年底厦门在全国首开中小企业集合发行无担保可转债的先例；央行于 2010 年在年度工作会议上表示将对中小企业发行可转债进行研究论证；2013 年十八届三中全会在《中共中央关于全面深化改革若干重大问题的决定》中强调将健全多层次资本市场，提高债券等直接融资比重并丰富金融市场层次和产品，中国证监会在上述决定的指导原则下特别强调了债券市场创新的作用，提出允许新三板挂牌公司发行中小企业债券，重点发展资产证券化业务；2015 年国务院发布的《关于深化体制机制改革加快实施创新驱动发展战略的若干意见》中强调了金融创新在我国实施创新驱动发展战略中的功能，提出支持符合条件的创新企业发行公司债和项

---

① 数据来源：根据中国人民银行发布的《2014 年社会融资规模统计数据报告》整理而来。

目收益债，探索并开展知识产权的资产证券化等。从上述政策文件可知，国家非常重视中小企业通过金融市场发行包括知识产权资产证券化和可转债在内的创新性债务融资产品来解决融资难和融资贵问题。

（4）新三板分层制度改革和信息披露制度为中小高科技企业从研发资产证券化债券到可转债的融资契约设计提供了实现的可能性

企业发展的不同阶段面临着错综复杂的各种因素的影响，因而目前难以用数学方法完全定量地分析和计算企业动态发展的过程，并给出一个明确的阶段划分标准。国内有学者以企业销售收入（朱婧嫣和吴满琳，2005）、现金流量（张旭，2011）、技术产品所处生产阶段（章卫民等，2008）划分企业不同成长阶段，但是仍然存在一定的局限性，这是因为企业所处的行业、市场环境和企业自身条件的不同，很难用一个固定的定量标准去衡量企业所处的发展阶段（章卫民等，2008）。在现有的法律法规中，我国2011年公布的《中小企业划型标准规定》也仅仅针对不同行业的企业规模设定标准。但是，在服务于我国广大中小企业的新三板市场，我国于2015年11月24日公布了《全国股转系统挂牌公司分层方案（征求意见稿）》（下称"意见稿"），提出"基础层+创新层"的改革方案并明确了分层标准，规定进入创新层的挂牌企业需满足净利润+净资产收益率+股东人数、营业收入复合增长率+营业收入+股本、市值+股东权益+做市商家数这三种标准的任意一种[①]。另一方面，新三板挂牌的中小高科技企业大部分集中在初创期和成长期（方先明和吴越洋，2015）。按照上述分层标准，初创期中小高科技企业很难满足新三板创新层标准，而创新层中的中小高科技企业将有很大一部分处于成长期。因此，为处于不同成长阶段，如"初创期"和"成长期"中小高科技企业提供合适的融资产品时，可将中小高科技企业发展不同阶段融资特点与《全国股转系统挂牌公司分层方案（征求意见稿）》中对创新层和基础层的定量划分标准结合起来，从多指标多维度对企业发展阶段进行有效区分，引导投融资对接，并在交易、发行和信息披露等制度供给方面进行差异化的安排，为处于不同成长阶段的中小高科技企业提供相应的融资服务，方便管理层有针对性地设计符合中小高科技企业不同成

---

① 这三种标准具体为：（1）最近两年连续盈利，且年平均净利润不少于2000万元；（2）最近两年加权平均净资产收益率平均不低于10%；（2）最近两年营业收入连续增长，且年均复合增长率不低于50%；最近两年营业收入平均不低于4000万元；股本不少于2000万股；（3）最近有成交的60个做市转让日的平均市值不少于6亿元；最近一年年末股东权益不少于5000万元；做市商家数不少于6家；合格投资者不少于50人。

长阶段特征的融资产品。

一般而言，新三板基础层存在大量的初创期中小高科技企业，这些企业的创新研发过程中存在较大风险和不确定性，信息披露和公司治理机制尚不完善，因而很难获取融资。这就需要为基础层中的初创中小高科技企业提供比上述股权融资更加注重长期价值投资的融资契约，以降低融资成本和投资者风险，丰富投资标的并提高流动性，提高资本可得性（Franke 和 Krahnen，2007）。以企业研发资产作为抵押的资产证券化债券可通过内在分化和风险整合模式来降低发行人的融资成本和投资者风险，提高企业资本可得性，因而正逐渐成为提升初创中小高科技企业信用融资以支持创新的最有效方式（Franke 和 Krahnen，2007）。实际上，新三板企业规模虽小，但是盈利却较为乐观。根据 Wind 的统计，2014 年新三板市场中 85% 的挂牌公司实现盈利，62% 的公司保持净利润增长，平均净利润达 1032 万元，同比增长 28.9%，可见新三板的整体盈利能力较强，具有较强的债务融资保障，这无疑为处于基础层的大量初创期中小高科技企业以研发资产为抵押发行不同层级的资产证券化债券，解决早期研发活动的融资难问题提供了现实操作的可能性。

研发资产证券化债券可以有效降低新三板基础层中初创高科技企业的融资成本，保障投资者的投资安全并提高交易流动性，但是在企业摆脱初创期的融资困境并进入高速成长期，从基础层进入创新层并实现价值快速增值时却无法让投资者分享更多的收益，因而很难实现对投资者进一步的激励相容。这就需要企业在成长的不同阶段面向资本市场提供不同的风险和收益组合，以此吸引投资者并实现融资（Bugg - Levine 等，2012）。可转换债券兼顾债权投资安全性、低融资成本以及转股期权的高收益性等特征，因而非常适合于拥有许多未来投资机会（如研发成果）的高成长性公司（Mayers，2000）。另一方面，资产证券化各层级债券的履约过程可以对处于基础层的初创企业的资产质量进行筛选（Keys 等，2010），而拥有高质量资产的企业往往具备良好的发展前景和较高的预期收益，这无疑为这些优质企业在通过研发资产证券化债券解决研发项目早期融资难问题并进入创新层之后，进一步通过可转债来实现投融资双方的激励相容，提高融资效率以加速研发创新和成长提供了实现的可能性。

研发资产证券化债券和可转债能够为高科技企业创新研发提供资金支持，但是解决创新研发的高度信息不对称问题却是保证上述债券能够适销对路并吸引投资者的关键（Francis 等，2003），也是从研发资产证券化债券到可转债的融资模式能否能否成功的重要保证。这是因为债权投资者通常需要了解包括借款人个人信息及企业经营信息在内的多种信息来评估投资安全性（王宣喻和储小平，2002）。当债权投资者无法获取企业的经营信息而面临更多投资不确定性时，便会要求更高的利率补偿或在后续融资中削减投资额度（Myers 和 Majluf，1984），从而降低企业的债务融资水平。为了规范相关信息披露人的信息披露行为，保护投资者利益，我国于 2013 年 2 月 8 日开始针对新三板挂牌实施《全国中小企业股份转让系统挂牌公司信息披露细则（试行）》（以下简称《细则》），要求挂牌企业及时公平地披露对投资者决策有重大影响的信息。《细则》的试行将有效降低新三板高科技企业创新研发过程中的信息不对称，降低债权投资者面临的不确定性并增强其信心，为资本市场提供参考，从而为研发资产证券化债券和可转债的适销对路提供可能性，提高中小高科技企业的融资效率。

综上所述，在创新型国家战略和创新驱动的经济"新常态"背景下，作为我国创新主体的中小高科技企业需解决企业成长中的创新研发融资难和融资贵问题。为此，在初创阶段，研发项目尚无明显市场成效，以研发资产（期间产生的设备、现金流和知识产权等）作为抵押，根据不同企业或者项目及其发展过程的风险与收益，通过证券化的方式设计出不同风险等级的债券并进行资产化组合融资。随着研发项目渐显成效且时机成熟则以组合或单一债券形式发行可转换债券并逐步实现债转股。最终在降低风险，保证投资者收益的前提下实现中小高科技企业各个阶段的成功融资。

1.1.2 理论背景

自 20 世纪 30 年代 Macmillan 指出中小企业融资的"麦克米伦缺口"（Macmillan Gap）以来，国内外学者已经针对中小企业融资难问题展开了大量的研究。但是这些研究大都停留在对融资困境的现象描述和经验检验上，缺乏对不同成长阶段的中小企业的融资需求、融资约束及其融资结构变化的理论研究（张捷和王霄，2002）。"啄食次序理论"（Pecking Order Theory，POT）和企业"金融成长周期理论"（Financial Growth Cycle Theory，FGCT）认为中小企业会因融资成本、信息约束和资金需求等选择不同的融资方式，初创期和成长期企业会因信息约束和融资成本而在外源融资中优先考虑债务融资（Mayers 和 Majluf，1984；Berger 和 Udell，1998）。但是上述理论仅描述了企业不同阶段的融资需求，却并未从资本供应视角提出符合企业成长特征和融资需求的具体债务融资工具。初创期和成长期中小高科技企业具有高度信息不对称和不确定性特征（Hoffman，1998），这无疑将使投资者面临巨大的投资风险。因此，在为中小企业设计并提供与企业成长和创新各阶段相匹配的债务融资契约时，充分考虑契约的不完全性并建立相应的信息披露机制以降低信息不对称，缓解逆向选择和道德风险，将提高中小企业资本可得性（Wehinger，2014）。

(1) 缺乏与中小企业成长过程和融资需求相对应的债务融资契约设计

目前将中小企业成长过程和融资需求结合起来研究的理论包括"啄食次序理论"和"金融成长周期理论"。Mayers 和 Majluf（1984）在放松 Modigliani 和 Miller（1958）完全信息假定的基础上提出了"啄食次序理论"，但是该理论提出的融资顺序更适用于信息不透明程度更高的中小企业融资决策（Graham 和 Harvey，2001），因而 POT 常常被经济学家作为研究中小企业融资结构问题的理论框架，也发现了一些实证证据，如 Watson 和 Wilson（2002）以英国中小企业作为研究样本对 POT 理论进行检验，发现当中小企业需要额外融资时，最偏好于留存收益，其次是债务，最后是对外部投资者发行新股。不过，POT 解释的是企业对增量资金的短期融资行为，却无法揭示企业成长过程中资本结构的动态变化规律。FGCT 理论则部分弥补了上述缺陷，更侧重于从动态的角度解释企业在不同成长阶段所需要的不同融资需求（Levine，2005），具体表现为企业在初创期主要依赖内源融资；当企业进入投资资金需求猛增的成长阶段时，便开始更多地依赖金融中介的外源融资；当企业进入稳定增长的成熟期后，便开始逐渐进入公开市场发行有价证券。然而，POT 和 FGCT 理论并未给出金融市场应该为不同阶段的企业提供何种具体融资契约的答案，也即忽视了与中小企业成长过程和融资需求相对应的融资契约。实际上，金融市场需要为不同阶段的企业提供多样化的融资产品以满足其创新和成长的融资需求（Beck 和 Demirguc-Kunt，2006）。

中小高科技企业在不同成长阶段具有不同特征，根据其研发项目的进展阶段和状态又会表现出不同的风险水平。初创期中小高科技企业的高新技术产品实现商品化转化，研发成果真正运用于生产当中，产品生产工艺较为成熟。这一阶段的企业在资金需求和来源方面，由于企业还没有很好的经营业绩，此时企业很难获得银行贷款，处于这一阶段的企业可以通过继续吸纳投资基金的方式进行注资。但是此时企业风险仍比较大，风险投资和各类信用担保机构进入的力度不大；在财务状况方面，这个时期由于企业产品市场未能打开，成熟的营销网络没有形成，这些都使得企业的财务状况承受着很大的压力，此时企业会更加注重降低包括融资成本在内的各种成本费用；在创新行为方面，这个时期的创新活动主要是吸引与生产和创新研发有关的各种资源要素的投入，创建一个具有生产经营职能和严密组织结构的经济实体，这将需要大量资金的支持；在风险特征方面，这一阶段的风险更多地表现为创业风险，即把科技成果转化为实现生产力过程中所产生的各种经营、技术、产品和市场风险的综合（章卫民等，2008）。从初创期中小高科技企业的资金需求和来源、财务状况、创新行为和风险等方面的特征来看，这一时期的企业面临较高的财务压力，需要以较低成本并且隔离企业风险的融资产品获得投资者的青睐，以支持企业的创新研发活动。在自身资金有限，难以获得银行贷款且风险投资和各类信用担保机构进入的力度不大等融资难背景下，金融市场可为这个时期的企业提供金融中介机构贷款和资产证券化等融资方式，隔离企业经营风险，保证投资者投资安全，提高企业融资效率（Nassr 和 Wehinger，2014）。同时，金融中介的灵活性、关系型特征以及在信息搜集的专业性和低成本也能更好地降低企业发展早期的信息不对称，降低融资门槛和投资者投资风险，从而满足那些具有高成长潜力的中小企业的融资需求（张捷和王霄，2002）。

中小高科技企业通过前期的艰苦创业，实现了科研成果向现实生产力的转化，便进入了快速成长阶段。在这一阶段，企业的产品在市场上占有了一定的地位，生产能力已经形成，销量开始出现大幅增加，企业开始赢利，市场前景日益明朗，企业进入良性循环。从资金需求和来源来看，随着企业的销售收入、利润各方面都快速增长，中小高科技企业为了适应市场需要大量投入追加资金以进一步扩大市场范围。不过，这个阶段企业的融资能力明显增强，可从各种来源渠道筹措资金；从财务状况来看，随着产品市场规模的扩大，企业进入一个高速发展期，注重优化资本结构，降低资本成本，注重各项费用的优化提高利润率，加快资产的周转，从而增加权益资本的收益水平；从创新行为来看，这一阶段的创新活动除了要合理配置和利用人才、技术和资本等各种资源要素，扩大规模，降低成本，迅速占领市场，增强竞争力，还要提高二次技术创新能力，加强高技术产品（服务）或工艺的研发优势；从风险特征来看，此时的中小高科技企业基本排除了技术风险，面临的主要是市场和管理风险（章卫民等，2008）。从成长期中小高科技企业的资金需求和来源、财务状况、创新行为和风险等方面的特征来看，这一时期企业的财务压力已经大大缓解，且已排除不确定性最大的技术风险，此时可从各种渠道获得融资，以支持企业的创新研发所需大量资金。但是成长期中小高科技企业在实现价值快速增值且有较高预期收益时，依靠传统的股权和债务融资方式却无法让投资者分享更多的收益，因而很难实现对投资者进一步的激励相容（Mayers，2000）。这就需要企业在成长的不同阶段面向资本市场提供不同的风险和收益组合，以此吸引投资者并实现融资（Bugg – Levine 等，2012）。可转换债券兼顾债权投资安全性、低融资成本以及转股期权的高收益性等特征，因而非常适合于拥有许多未来投资机会（如研发成果）的高成长性公司（Mayers，2000）。

从上述研究可知，目前 POT 和 FGCT 理论虽然解释了企业在不同成长阶段的融资需求，但是并未提供满足这些需求的具体融资契约。基于此，本书将以 POT 和 FGCT 理论作为基础分析框架，结合不同成长阶段的企业特征和融资需求，从金融市场融资工具供应的角度，在符合中小高科技企业不同成长阶段特征和融资需求的前提下，设计从研发资产证券化到可转债的融资模式以提高融资效率。

（2）轻视了资产证券化契约的不完全性和动态性对金融中介和投资者激励的影响

传统的契约理论都是假定委托代理双方是完全理性且能够签订完全契约，并主要关注和研究信息不对称条件下的收益分配和签约双方对风险的偏好如何影响其分摊风险这两大问题（Hart 和 Holmstrom，1987）。但是完全契约理论模型的完全理性假定明显脱离了现实经济背景。Grossman 和 Hart（1986）、Hart 和 Moore（1990）（下称"GHM"）考虑到契约的不完全性，提出不完全契约理论，他们认为缔约双方的有限理性和信息的不对称和不完全性，使得各缔约方和第三方仲裁者（如法院）不可能事先预测到所有随时间推移而可能出现的不可测情况并将之列入契约，从而导致契约的不完全，需要缔约方约定等情况出现的时候再谈判以解决新的问题，同时重点关注契约签订前的权责分配机制的设计。需要指出的是，GHM 认为缔约双方的关系并非一成不变而是动态调整的，而 Tirole（1999）在 GHM 理论的基础上进行分析后认为缔约方会使用动态规划的方式去分析契约形式和事后决策的后果。由此可见，现实经济环境中，不完契约会随着时间变化和不可预知的事件而呈现出动态特征。

GHM 和 Tirole 关于不完全契约的分析方法极大丰富了融资证券设计的金融契约理论，近年来也逐渐延伸到资产证券化的研究中（Duffie 和 Rahi，1995；Gavazza，2010）。资产证券化契约主要涉及投资者、金融中介和企业三方的利益分配和激励问题，其复杂的金融结构，资产池的动态属性以及金融中介和投资者之间基于资产信息不对称所进行的博弈决定了资产证券化融资方式最终还是一种不完全契约形式①（Gavazza，2010）。从资产证券化的定义而言，金融中介和企业之间实际上是债权人和债务人或投资者和股东之间的委托代理关系（Schwarcz，1994）。理论界对借贷（或委托代理）双方关于财产权利（包括研发资产）的行为博弈和激励契约设计的研究成果早已汗牛充栋（Aghion 和 Bolton，1992；Berglöf，1994；Tirole，2006），也形成了丰富的理论体系，包括不完全契约理论和控制权相机配置理论等。

然而，目前关于资产证券化融资契约的研究却极少触及到金融中介和投资者之间的风险共担和投资者保护机制设计问题，同时对资产证券化违约风险的长期动态化本质缺乏认识，因而直接影响资产证券化契约的融资效率。这是因为：首先，资产证券化过程中，由于投资者无法观测到金融中介在筛选资产质量时所付出的努力水平，因而也就无法观察到所购买资产的质量（Parlour 和 Plantin，2008）。金融中介在搜集信息、筛选企业及研发资产、形成证券化产品并最终推向市场的过程中具有天然的信息优势（Brunnermeier，2009；Fernandez 等，2012），会利用这种信息不对称优势采取道德风险行为，严重损害投资者的利益，从而导致逆向选择行为的发生（Rajan 等，2010）。2007 年爆发的次贷危机充分暴露了资产证券化过程中隐藏的金融中介和投资者之间的代理冲突，即金融中介和贷款违约风险承担者的分离，这种激励的错配对这场违约危机负有重大责任，缺乏促使金融中介依照投资者利益最大化原则行事的适当激励（Donnelly 和 Embrechts，2010）。其次，研发资产证券化债券中的金融中介和企业之间实际上是贷款人和借款人的债务关系，而理论界基于不完全契约理论和控制权配置理论对借贷双方关于财产权利（包括研发资产）的行为博弈和激励契约的研究已相当成熟且硕果累累（Aghion 和 Bolton，1992；Berglöf，1994；Tirole，2006）。实际上，企业能否通过研发资产证券化债券实现融资，主要取决

---

① Parlour 和 Plantin（2008）认为，金融中介更希望在二级市场快速出售而非长期持有组合资产，而投资者会权衡风险和收益，因金融中介更易获得组合资产的信息，双方必然存在信息不对称条件下的博弈。

于金融中介是否能够最大化投资者利益并在筛选资产时付出足够努力,以此来吸引投资者购买该债券,保证现金流回流到企业以支持其创新。前人研究过于注重金融中介和企业之间的契约设计和博弈分析,而忽视了对金融中介和投资者的激励契约设计,才使得金融中介采取了道德风险行为,导致了次贷危机。再次,次贷危机之后美国金融管理当局要求发行人在资产证券化过程中至少保留5%的资产违约风险。该风险自留规则是以静态最优证券设计理论作为理论基础,该理论认为保留层规则(retention rules)可以有效解决信息不对称问题(DeMarzo和Duffie,1999)。然而,资产池中的资产需要根据发行人的需求进行调整,池中产生的现金流也会因外部商业周期和经济环境而发生波动,可能导致资产证券化产品的违约(Riddiough,1997)。这些罕见且不连续的违约事件将会改变最优激励结构,简单的风险自留规则却忽视了资产证券化违约风险的长期动态化本质,而最优证券设计文献中也并未针对这一问题进行研究(Malamud等,2013)。

从上述研究可以看出,虽然不完全契约理论已经逐步应用到资产证券化契约的设计当中,但是目前关于资产证券化契约的理论研究却几乎没有涉及金融中介和投资者的风险共担和投资者保护问题,也未将资产违约风险的长期动态化本质引入到资产证券化契约设计中来。因此,需要结合资产的动态特征,从不完全契约的角度设计合理的激励机制,实现金融中介和投资者之间的激励相容,防范系统性金融风险。

(3)忽视可转债的具体限制条款和控制权相机配置机制相结合时的激励约束效应

目前已经有许多学者针对可转债融资契约的激励约束功能进行了探索。如在降低道德风险方面,Casamatta(2003)分析了风险资本融资中投资者和企业家之间的双边道德风险问题,分析结果表明,相对于权益融资,向风险投资者发行可转换债券更有利于激励企业家提高努力水平。而在缓解逆向选择方面,Habib和Johnsen(2000)以及Dessi(2005)等研究发现可转债可诱导真实的信息披露,引导有效率的继续投资或清算决策,保护投资者利益。Cornelli和Yosha(2003)认为可转换债券内嵌的转股期权可大大降低企业家通过操纵信号粉饰财务报表的价值。

早期关于可转债的理论研究主要遵循传统的信息经济学和委托代理分析框架。随着不完全契约理论的兴起,许多学者开始尝试从不完全契约以及控制权相机配置的视角来分析可转债的激励约束效应。如 Aghion 和 Bolton（1992）在不完全契约基础上分析了控制权依信号的动态配置对投融资双方激励约束效应的影响。Berglöf（1994）通过不完全契约模型分析了风险企业家的退出机制，认为可转换债券既可以保护投资者的利益也能够保护企业家私人利益免受损失。随着对可转债契约研究的进一步深入，学者们开始研究可转债具体条款的激励作用。如 Isagawa（2000）在 Mayers（1998）的研究基础上论证了带有可赎回条款的可转债在抑制管理者机会主义行为方面的独特优势，因此设计得当的可转债有利于阻止管理者投资决策过程中的机会主义行为。Isagawa（2002a）从管理者堑壕视角出发构建模型，揭示了为什么企业管理者会发行可赎回可转债，他认为可赎回可转债能够通过强制转换来调整企业债务水平，进而有利于降低企业破产或被敌意收购的威胁。徐细雄和万迪昉（2007）的研究表明，可转债激励契约中回售和赎回条款是实现企业价值增长分享激励与保障性收益两者之间均衡的主要原因。这些研究表明，可转债的具体限制条款（如赎回和回售条款）能够对企业家和投资者产生不一样的激励效应。

从上述研究脉络可知，可转债契约往往根据融资需求而设定复杂多样的限制条款。实际上，可转债的这些条款被触发后将必然伴随产权的转移和利益的重新分配，而这些又是由控制权所决定，比如管理层执行赎回条款往往会避免企业破产清算或被敌意收购，从而掌握企业控制权（Isagawa，2002b）。因此，在分析可转债的激励约束效应时，需要将可转债的具体条款与控制权的配置机制结合起来进行分析。然而，现有文献在研究可转债契约的激励约束作用时，往往将具体的可转债条款与控制权割裂开来分析，这显然并不符合可转债的基本特征和内在的控制权配置本质。

（4）缺乏关于研发信息披露对中小高科技企业债务融资影响的研究

信息不对称是造成中小企业债务融资约束的主要原因（Mayers 和 Majluf，1984）。由于债权人一般不直接参与企业的经营管理，无法了解企业的关键运营信息和债务人偿还本息的可能性，为了保证债务投资安全性，债权人有通过企业披露的相关信息对债务人实施监督的动力（Van Caneghem 和 Van Campenhout，2012），而提高公司信息披露质量水平也确实有助于信息不对称程度的降低（Diamond 和 Verrecchia，1991）。因此，分析信息披露对企业债务融资的影响，对通过研发资产证券化和可转债来缓解不同阶段的中小企业债务融资约束而言至关重要。

企业对外披露的财务和非财务信息能够通过治理和定价功能降低外部投资者和内部人之间的信息不对称，从而降低企业融资的代理成本（Yosha，1995；Francis，2003），而信息披露质量的提升则可以降低债务融资契约的监督和执行成本，从而缓和中小企业的债务融资约束（Sengupta，1998）。这是因为对于债权投资人而言，中小企业披露的财务和非财务（如研发投入、研发项目进展）信息是其进行投资决策的重要依据，中小企业的财务状况越好、获利能力越强、产品研发和销售前景越明朗，则债权投资者在给予中小企业信贷资源时的信心则越强（Debreceny等，2003）。具体到资产证券化和可转债等新兴的中小企业债务融资产品，信息披露是否及时和准确，信息不对称程度是否降低，将直接影响债权人在投资这些衍生品时面临的风险和投资积极性。如Cheng等（2011）发现，由于资产证券化投资者难以评估衍生品的风险，发行资产证券化产品的银行在承销过程中会利用其信息优势将衍生品风险转移给投资者，而当银行披露的信息透明度增加时，投资者评估风险的能力也随之增加；Barth和Landsman（2010）发现次贷危机过程中资产证券化衍生品的信息披露并不足以帮助投资者准确评估银行资产和负债的价值和风险，从而导致投资者的无效率投资行为。Lewis等（1998）在研究企业管理层的可转债发行动机问题时发现，管理层发行可转债的一个重要动机旨在缓解信息不对称带来的投资者逆向选择问题。

从上述研究可知，学者们很早就开始关注信息披露在降低资产证券化和可转债等债务融资契约中的信息不对称以缓解债务融资约束方面的作用，但是对于中小高科技企业而言，这些研究仍然忽视了这类企业的创新研发特性，也忽视了研发活动的信息披露对企业债务融资可能产生的影响。这是因为中小高科技企业融资主要是为了投入创新研发以保持竞争力（Allen，1992）。但是中小高科技企业的研发活动具有高风险和高不确定性，企业内部管理层对研发活动的了解程度要高于包括债权人之内的外部人，因此存在更为严重的信息不对称（Ahmed和Falk，2006），这种因创新研发导致的高度信息不对称将增加中小企业获得债务融资的难度（Aboody和Lev，2000）。因此，对于中小高科技企业债权人而言，除了企业所披露的正常财务信息，研发信息的披露也将对企业的债务融资效率产生重要影响。另一方面，企业披露的研发信息会对研发资产证券化债券的融资额度和可转债的转换比率等造成影响，进而直接影响企业的整体负债水平。因此，降低中小高科技企业因创新研发导致的信息不对称，将降低不完全契约的事后谈判成本并减少企业内部人的投机行为，从而降低道德风险，而企业信息更透明，也更容易甄别企业质量，逆向选择也将减少（La Porta 等，1997）。

综上所述，"啄食次序理论"和金融成长周期理论主要是提出中小企业在不同阶段会有怎样的融资需求，却并未从融资供应的角度去提出适合各个阶段的融资契约；其次，金融中介和投资者是否能够实现激励相容，将直接决定资产证券化契约的系统性风险水平和企业能否融到资，而现有研究在设计资产证券化契约时忽视了对金融中介和投资者的激励；再次，可转债的转换条款被触发后将伴随控制权的转移和利益的重新分配，而现有研究却忽视了可转债的转换条款特征和内在的控制权配置本质；最后，信息披露对降低信息不对称以缓解中小企业债务融资约束而言至关重要，而现有研究却忽视了中小高科技企业的创新研发特征，鲜有学者从非财务的研发信息披露角度研究其对债务融资的影响。因此，如何设计与中小高科技企业初创期和成长期的特征和融资需求分别对应的研发资产证券化债务融资契约和可转债融资契约，并研究研发信息披露对这些债务融资契约的影响，将是中小企业融资领域的一个重要研究课题。

1.2 研究问题的提出与核心概念界定

1.2.1 研究问题

基于以上现实和理论背景，本书针对中小高科技企业的不同成长阶段和融资需求特征，设计从研发资产证券化到可转债的融资模式，构建"初创期中小高科技企业的研发资产证券化债务融资契约"和"成长期中小高科技企业的可转债融资契约"模型，在可控的实验室环境中模拟并分析研发资产证券化债务融资契约和可转债融资契约的激励约束效应，探讨"研发信息披露对中小高科技企业债务融资的影响"，回答如何提高中小高科技企业各个成长阶段的融资效率以支持企业创新，并从披露研发信息，降低信息不对称缓解债务融资约束方面完善中小企业融资理论，为我国构建完整的促进中小高科技企业创新和成长的融资体系提供理论支撑。具体而言，本书主要包括如下几个研究问题。

（1）初创期中小高科技企业的研发资产证券化债务融资契约中，无再谈判机制和有再谈判机制时，企业家与金融中介的行为选择为何？在金融中介和投资者签约前，投资者如何防范金融中介的逆向选择？金融中介选择以不同违约率资产为标的的债务契约，投资者该如何支付报酬？在履约过程中，投资者在哪个时间点向金融中介支付报酬可实现最优激励？此时付给金融中介的即时报酬及累积报酬金额各是多少？

（2）在成长期中小高科技企业的阶段融资情形下，嵌入控制权相机配置机制的简单可转债、不带限制条件的可赎回可转债、带限制条件的可赎回可转债实现融资效率的边界条件为何？哪种可转债的融资效率最高？控制权相机配置机制是否能够促进可转债总收益的提高？

（3）中小高科技企业披露的研发投入强度和项目进展与债务融资水平分别是何种关系？研发项目进展会对研发投入强度与债务融资水平之间的关系产生何种调节作用？

综上所述，本书的研究思路和上述各部分研究问题之间的逻辑关系如图1-1所示。需要说明的是，降低信息不对称是缓解债务融资约束的关键，且本书研发资产证券化契约中的研发产出和研发资产质量等信息和可转债契约中研发产出信息的披露是理论模型的关键变量以及设定，因此有必要针对研发信息披露对债务融资可能产生的影响进行研究。

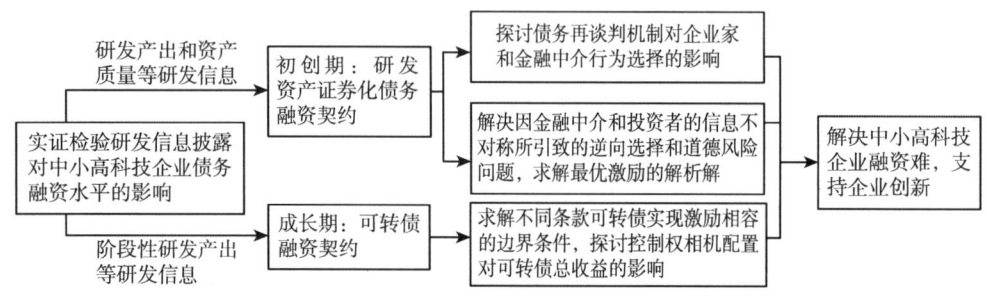

图1-1　研究思路和各研究问题的逻辑关系

1.2.2　核心概念界定

为了更加清晰和准确地认识上述研究问题，下面对其中涉及的核心概念进行界定。

(1) 中小高科技企业（Small and Medium - sized High - tech Enterprise）

借鉴 Little（1977）对基于新技术的企业（New Technology - based Firms）的定义，本书将中小高科技企业定义为：在国家重点支持的高新技术领域内，符合我国《中小企业划型标准规定》和《高新技术企业认定管理办法》相关标准，进行高科技研发和高附加值产品生产和销售的经济实体。这类企业往往处于新兴技术前沿，在研发的每个阶段均需要大量资金支持，高风险和高收益并存，本书理论模型和实验室实验中对中小高科技企业的设定将反映此特征。在经验研究部分，指的是"全国中小企业股份转让系统"也即新三板中获得"高新技术企业"认证的企业。

(2) 研发和研发资产（R&D and R&D Assset）

借鉴 Allen（1992）对 R&D 的定义，本书将中小高科技企业的研发活动定义为：企业为了改进现有产品和流程或者开发新产品或流程而从事的研究型活动。借鉴 Fernandez 等（2012）的定义，本书所及研发资产涵盖的范围包括：为了支持研发活动所购入的固定资产（如仪器、设备）①、由研发活动所产生的无形资产（如各种专利设计）以及研发项目成功后若干年的预期现金收益权。

(3) 研发资产证券化（R&D Asset - backed Securitization）

借鉴 Fernandez 等（2012）和 Fagnan 等（2013）构建的研发资产证券化债券融资模式，本书将研发资产证券化（Research - backed Securitization）定义为：高科技企业以研发资产作抵押向大型投资基金（Megafund）贷款，大型投资基金付出一定的努力水平，审查并筛选合适的抵押贷款进入资产池，再将池中贷款打包设计成高中低三个等级（即不同风险和收益）的债券出售给投资者以获取资金，并将这些资金贷给高科技企业，用以支持企业研发活动（见图 1 - 2）②。在此过程中，投资者除支付债券的票面价值，还需要根据违约情况向金融中介支付一定的报酬，以补偿其付出的努力。

---

① 用于研发活动的仪器、设备范围口径，按照《国家税务总局关于印发〈企业研究开发费用税前扣除管理办法（试行）〉的通知》（国税发〔2008〕116 号）或《科学技术部财政部国家税务总局关于印发〈高新技术企业认定管理工作指引〉的通知》（国科发火〔2008〕362 号）规定执行。

② 李旭和余璐玥（2011）和蔡虹和许晓雯（2005）测算出我国企业的平均 R&D 周期为 4 年；我国 2008 年底修订的《专利法》第四十二条则规定发明专利权的期限为 20 年。从数据上看，我国一般高科技企业较 Fernandez 等（2012）所提及的药企平均研发周期更短，但未来的现金流收益保证则更长。此外，本书选择以研发资产和未来现金收益为抵押的贷款证券化，是考虑到企业仍然是债务融资模式，只不过融资成本和投资者风险更低，且不涉及入股投资的控制权问题，如此设定也是符合创新投资中投融资双方的利益诉求。

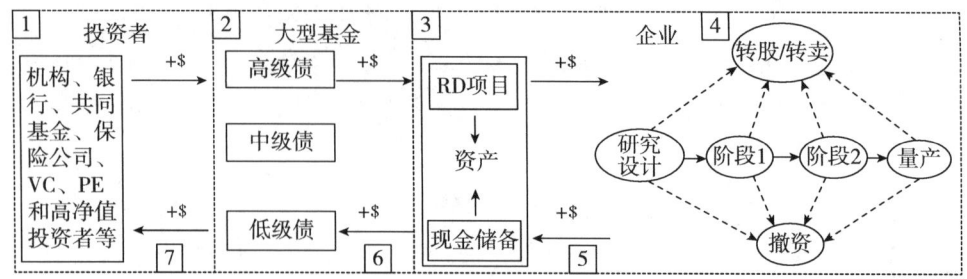

图 1-2 研发资产证券化的商业结构和现金流向

资产证券化的本质是一种融资制度安排，其表现形式则是通过能够产生持续而稳定现金流的标的资产对所发行的证券进行支持。因此，本书中的研发资产证券化也以未来能够产生持续稳定现金流的研发资产作为标的资产，通过打包分层等技术处理，将不同等级和具有不同优先度要求权的债券投放到资本市场从而实现融资。

（4）金融中介（Financial Intermediary）

借鉴 Tufano（2003）和 Malamud 等（2013）的定义，将金融中介定义为构建研发资产证券化债券的大型投资基金（Megafund）。该基金向高科技企业贷款，同时该大型基金作为金融中介负责审查并筛选进入资产池中的贷款，然后将这些对应不同研发资产的抵押贷款进行打包，做资产证券化处理后出售给市场上的投资者以获取资金，并将这些资金向高科技企业发放贷款。需要说明的是，根据上述金融中介定义，大型投资基金与企业之间实际上是债权人和债务人的关系，理论界对债务双方之间的博弈关系（包括控制权的争夺等）研究已相当成熟（Hart 和 Moore，1990；Aghion 和 Bolton，1992；Laffont 和 Tirole，1988），而投资者和金融中介之间的风险收益错配和激励失衡问题却一直未引起重视。因此，本书重点研究金融中介和投资者之间签约前的逆向选择和履约过程中的道德风险问题，以降低投资者风险，提高融资效率。

（5）信息不对称（Information Asymmetry）

借鉴 Akerlof（1970）的定义，一些成员在交易中拥有其他成员无法拥有的信息时便造成信息的不对称。本书中小高科技企业融资过程中，当企业家拥有金融中介所不具有的关于企业研发进展、研发资产质量和研发产出等信息时，便造成企业家和金融中介间的信息不对称；当金融中介付出努力，筛选并得到不同资产质量和产出等信息而债券投资者不知情时，金融中介和投资者之间存在信息不对称。

(6) 不完全契约 (Incomplete Contract)

Grossman 和 Hart (1986)、Hart 和 Moore (1990) 考虑到缔约双方的有限理性和信息的不对称和不完全性，使得各缔约方和第三方仲裁者（如法院）不可能事先预测到所有随时间推移而可能出现的不可测情况并将之列入契约，从而导致契约的不完全。本书涉及的不完全契约，表现为研发资产证券化债务融资契约中企业家和金融中介因契约的不完全性需要通过再谈判机制实现激励相容，金融中介和投资者因无法预知未来各方采取的行为而通过依违约状况支付报酬的激励契约进行再谈判；在可转债契约中，表现为企业家和投资者因无法预测未来企业发展而制订转换条款。

(7) 控制权 (Control Rights)

借鉴 Fama 和 Jensen (1983) 的定义，本书将控制权定义为对公司经营者管理决策具有约束力的决策控制权，或者说是重大决策权，它包括对企业的监督权、投票权、对董事会的控制权（董事会席位比例）、对企业研发战略的决定权等，可以对企业重大战略决策（如研发战略）、企业高管（如 CEO）等的调整、企业清算等行使权力。

(8) 控制权相机配置机制 (Control Rights Contingent Allocation Mechanism)

借鉴 Hart (2001) 对控制权相机配置的定义，即随着投资风险的降低，企业将获得更多的控制权，而当项目产生的收益足以偿付债券收益时，企业获得全部控制权。在本书的可转债契约设计中，控制权相机配置机制则设定为：当项目产出无法偿付可转债投资者的收益时，投资者获得控制权，可行使高管调整、企业清算等重大决策权；而当项目产出能够偿付可转债本息时，企业获得控制权，可行使研发投资、项目决策等重大决策权。

1.3 研究目的与意义

1.3.1 研究目的

本书主要达到以下几个理论和实践方面的研究目的。

(1) 从理论视角，设计包含企业、金融中介和投资者的研发资产证券化债务融资契约，旨在降低初创期中小高科技企业的融资成本并保护投资者利益。①该部分基于不完全契约理论，分析再谈判机制对企业和金融中介行为决策的影响，并将依资产违约状况支付报酬的动态激励机制引入到金融中介与投资者之间的激励契约设计中，实现金融中介和投资者的风险共担，解决因初创期中小高科技企业研发资产的信息不对称所引致的逆向选择和道德风险问题；②该部分为研发资产证券化债券的设计实践提供分析基准和理论基础，指导政策制定者在资产证券化债券上创新，完善投资者保护机制，提高融资效率并帮助企业创新和成长。

(2) 从理论视角，设计阶段融资中附带控制权相机配置机制的不同行权条款可转债契约，旨在降低成长期中小高科技企业创新研发的融资成本并与投资者分享收益。①该部分基于不完全契约理论，求解不同行权条款可转债实现激励相容的边界条件并分析控制权相机配置机制对所有类型可转债总收益的影响；②该部分为可转债的设计实践提供理论参照，指导政策制定者完善可转债的具体行权条款和控制权配置机制，平衡投融资双方的利益和谈判力，提高可转债的融资效率。

(3) 实证检验研发信息披露对中小高科技企业债务融资的影响，为制定债务融资的信息披露政策提供经验证据。研发项目进展等研发信息披露是降低信息不对称，确保研发资产证券化债务融资契约和可转债融资契约能够在市场适销对路，配合从研发资产证券化债务契约到可转债契约的实施并提高融资效率的关键变量。本书利用手工搜集数据，应用经验研究方法验证中小高科技企业的研发信息披露（研发投入及研发项目进展信息）对债务融资的影响，作为对研发资产证券化债务契约和可转债契约的研究补充，并为政策制定者在债务融资过程中的信息披露制度效果提供经验证据。

1.3.2 研究意义

本书立足于我国中小高科技企业债务融资难和创新型国家建设的现实背景，设计了分别与中小高科技企业初创期和成长期特征和融资需求相匹配的从研发资产证券化债券到可转债的融资模式，并检验了新三板高科技企业的研发信息披露对债务融资的影响，具有理论和实践上的双重意义。

（1）理论意义

①将不完全契约理论引入到初创期中小高科技企业的研发资产证券化债务融资契约的设计中，同时将再谈判机制和依资产违约状况支付报酬的动态激励方式分别引入企业和金融中介以及金融中介和投资者之间的契约中，突破了传统静态分析框架，拓展了不完全契约理论和中小企业融资理论的相关应用基础研究，对于加强经济学前沿理论研究成果在金融领域的应用研究具有较强的理论意义。

②将不完全契约和控制权相机配置理论引入成长期中小高科技企业的可转债融资契约的设计中，重点研究可转债的不同行权条款和控制权相机配置相结合时，实现激励相容的边界条件差异，拓展了不完全契约理论和可转债设计的相关理论，丰富了机制设计理论在公司金融领域应用研究的框架体系。

③以新三板挂牌中小高科技企业披露的研发数据作为样本，验证了研发信息披露对中小高科技企业债务融资水平的影响，从而对上文研发资产证券化债务融资契约和可转债融资契约中所涉及的信息不对称问题形成研究补充，同时丰富通过信息披露降低信息不对称并缓解中小高科技企业债务融资约束的相关研究。

（2）实践意义

目前我国中小高科技企业主要以股权形式进行融资。企业通过这些融资方式支持创新研发，不仅融资成本高，而且投资者承担的投资风险较大，导致融资效率低下，不利于高科技企业创新研发和成长壮大。本书分别为初创期和高速成长期的中小高科技企业设计从研发资产证券化债券到可转债的债务融资契约，并检验研发信息披露对企业债务融资的积极影响，以提升上述债务融资模式的效率，为我国管理层在主要服务于中小企业融资的新三板市场制定支持企业创新和成长的融资政策，创新风险共担机制，预防系统性风险和完善投资者保护机制，建立良性发展的债券市场等方面提供了一定的借鉴。此外，本书关于信息披露对债务融资影响的研究结论，对指导我国管理当局制定合理的信披制度，保障债务融资的成功，提高融资效率，真正实现金融体系对技术创新的支持并最终实现创新型国家战略而言具有重要的现实意义。

1.4 研究方法的选择

1.4.1 研究方法评价

Blaug（1997）认为现代经济学研究的数学方法虽然看似严谨，却仍然与现实存在一定的差距。正因如此，针对经济学研究的具体问题，需要选择适当的研究方法。

（1）理论研究方法

理论研究的一个重要方法是在既有理论和现实观察的基础上进行逻辑演绎分析得出结论。该方法应用于经济学理论研究，则是通过定性分析的方式来陈述经济理论和相应的假说（Gujarrati，1996）。这种通过语言陈述来展现经济学理论的方式，往往注重经济思想的表达或论述研究变量之间的关系，鲜有涉及经济学变量的数理特征以及变量之间存在何种具体的数量关系。经济学理论研究的另一个重要方法是以数量经济学理论模型为基础进行经济理论表述。数量经济模型是在严格假定前提下，对客观经济数量关系的客观反映，具有严密的逻辑演绎属性和精确性。但是数理模型仍然具有一定的缺陷：第一，数量经济模型往往是在严格的假定条件下对具体经济问题进行简化处理和分析，在多因素影响下并不一定适用；第二，数理经济模型往往假定研究变量之间是一种确定关系，而实际上变量之间的关系往往因受其他因素影响而表现出不确定性。因此在运用数理经济模型分析和解释经济现象时，需要结合理论的适用条件，充分考虑到没有被模型化的影响因素。

（2）经验研究方法

实证（经验）研究方法通常运用于研究者提出理论研究假设或者验证研究假设的过程中，需要研究者搜集观察资料或者数据。实证研究方法有广义和狭义之分，广义的实证研究方法指的是以计量模型作为基础，将经济理论或数理模型改造成适于经验检验的方式并利用自然产生的现实数据来分析和确定有关因素之间的数量关系及相互作用方式，从而实现统计意义上的经济理论预测与实际测算之间的衔接（Haavelmo，1944）。换言之，实证研究方法是通过计量经济模型的方式将经济理论应用于现实数据，从而实现对经济理论的经验数据支持，并获取相应的数值结果（Tintner，1968），改善公众对于经济学理论空洞的印象，深化人们对经济理论的一般认知。然而，实证研究方法也存在一定的缺陷：第一，实证研究仅能检验现实世界中行为人对既有经济政策的反应，而当政策制定者需要了解行为人对可能存在的政策作何反应时却无法提供经验支持；第二，现实世界中某个变量可能与多个不同变量存在同向变化的一致性，这将很难隔离其他变量的增量效应（Kachelmeier 和 King，2002）。因此，实证研究在解释经济政策对经济行为产生的影响时具有一定局限性；第三，基于自然经济现象所产生的数据进行实证研究需要运用复杂的计量经济学模型来解决多重共线性、内生性以及异方差等问题（Friedman 和 Cassar，2004），但是实验室实验则是尽可能控制外生因素的影响，因此获得的是较为清洁的数据。

（3）理论研究和经验研究方法之间的联系

从上述理论和经验研究方法的评价和讨论来看，两种研究方法非但不是孤立使用的，反而是以互补形式而存在。理论研究往往因简化分析和过于确定化的变量关系而忽视了未被纳入到模型中的变量影响。经验研究则可以通过为理论研究提供数据支持而改变人们对于经济学理论过于刻板和空洞的印象（Gujarati，1996）。但是自然经济现象所产生的数据并不能保证研究者观察到关键变量所带来的影响或者将不同变量的影响进行严格区分（Friedman 和 Cassar，2004），而且经验研究只能验证现有经济政策所引起的反应，无法验证自然行为人对未来可能政策的反应。实际上，理论和经验研究方法之间的关系更像是一种补充（Falk 和 Fehr，2003）。因此，我们认为经验研究和理论研究在一定程度上是统一且互补的，而并非截然分开。

1.4.2 研究方法选择

（1）理论研究。首先，本书将基于资产证券化理论，借鉴 Malekan 和 Dionne（2014）的建模思想，构建一个符合初创期中小高科技企业成长特征和融资需求的研发资产证券化债务契约模型，分别分析再谈判机制对企业家和金融中介行为策略的影响以及依资产违约状况支付报酬的动态激励机制对金融中介和投资者之间道德风险和逆向选择的影响；其次，借鉴 Gebhard 和 Schmidt（2006）和 Wang（2009）的建模思想，构建一个符合高速成长期中小高科技企业成长特征和融资需求的可转债融资契约模型，分析阶段融资情形下，结合控制权相机配置机制的不同条款可转债的激励约束效应并分析控制权相机配置机制对总收益的影响。通过对上述两个模型的推导提出相应命题。

（2）经验研究。在资产证券化和可转债债务融资契约均强调事中信息披露对后续投融资决策行为影响且中国证券市场无对应数据的前提下，通过手工搜集新三板挂牌中小高科技企业年报中披露的研发信息，从信息披露降低信息不对称的视角，研究新三板高科技企业的研发信息披露（包括研发投入强度和研发项目进展）对债务融资所产生的影响，从而对前文的理论研究形成补充。

1.5 研究内容和框架

本书立足于解决中小高科技企业在创新研发中面临的融资难和融资贵问题，以新三板作为现实研究背景，基于"啄食次序理论"、金融成长周期理论、不完全契约理论和信息不对称理论，设计与中小高科技企业成长特征和融资需求相匹配的从研发资产证券化债务契约到可转债的融资模式，并分析研发信息披露对中小高科技企业债务融资的影响。具体的章节安排如下：

第1章为绪论。介绍本书研究的现实和理论背景，提出研究问题并界定核心概念，总结研究目的和意义，评价并选择研究方法，阐明研究思路和框架。

第2章为文献综述。总结国内外中小企业的融资难现状和原因，分析中小企业创新与融资的关系，梳理中小企业创新投资特征和中小企业创新对融资产生的影响；然后，从信息不对称和不完全契约理论的关系方面，回顾中小企业信息不对称与激励契约、不完全契约理论以及中小企业债务融资契约与信息披露之间关系的相关研究；最后，回顾中小企业融资方式的相关研究，包括中小企业融资影响因素和传统的中小企业融资理论，以及资产证券化和可转债等新兴中小企业融资方式的相关研究。

第3章为初创期中小高科技企业的研发资产证券化融资契约理论研究。以不完全契约理论和信息不对称理论为基础，在分析Malekan和Dionne（2014）模型局限性的基础上，借鉴其相关研究假定，首先引入再谈判机制，构建企业家和金融中介之间的博弈模型，分析再谈判机制对双方行为策略选择的影响；然后引入依债券违约状况支付报酬的动态激励方式,构建金融中介和投资者的激励契约模型,求解签约前和履约中实现最优激励的解析解,即投资者向金融中介支付报酬的最优时间点和金额,通过上述模型,促使资金由投资者经由金融中介最终流向初创期高科技企业。

第 4 章为成长期中小高科技企业的可转债融资契约理论研究。以不完全契约理论和信息不对称理论为基础,在分析 Gebhard 和 Schmidt(2006)和 Wang(2009)模型局限性的基础上,借鉴上述模型的相关研究假定,将不同行权条款和控制权相机配置机制相结合,构建符合成长期中小高科技企业特征和融资需求的可转债融资契约模型,求解阶段融资情形下具有不同行权条款的可转债契约实现激励相容的边界条件,并进一步探讨控制权相机配置机制对可转债的总收益的影响。

第 5 章为研发信息披露对中小高科技企业债务融资水平影响的经验研究,以新三板高科技企业为例,分析企业披露的 R&D 投入强度和 R&D 项目进展信息分别对企业债务融资水平所产生的影响,分析 R&D 项目进展对 R&D 投入强度与债务融资水平之间关系的调节作用。

第 6 章为结论。总结本书的结论和创新点,提出相关政策建议,指出本书的研究局限性和未来可以进一步研究的方向。

本书的结构安排和主要内容如图 1-3 所示。

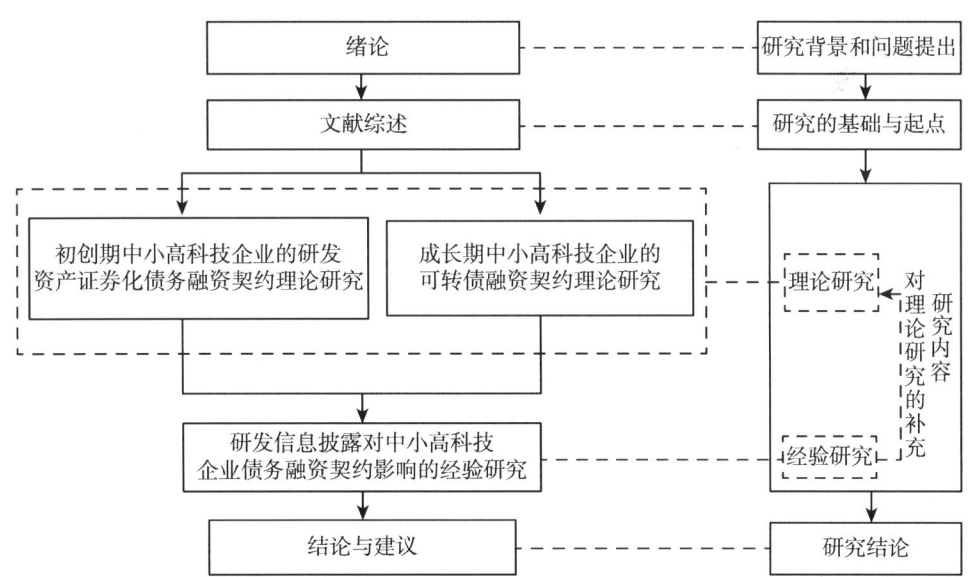

图 1-3 本书的研究框架

第 2 章　文献综述

本章首先总结中小企业融资难的现状和原因,然后梳理中小企业创新与融资之间的关系,接着回顾支持中小企业创新的融资契约的相关研究,最后总结中小企业信息不对称和不完全契约的相关研究。通过梳理和系统总结中小企业创新融资契约的研究脉络、研究方法和研究成果,本章将进一步讨论已有研究的不足以及对本书研究的启示,并据此提出本书的理论研究基础和研究起点。

2.1　中小企业融资难的现状与原因

2.1.1　中小企业融资难现状

(1) 国内关于融资难问题的研究

国内学者郭斌和刘曼路(2002)采对温州市中小企业的融资情况进行调查后发现,中小企业融资主要依赖于诸如企业留存利润和折旧等自有资金,该结果与国外中小企业情形类似(Lopez-Gracia 和 Aybar-Arias,2000)。除了自有资金,中小企业还会通过借贷和以控制权为基础的亲友入股解决资金问题。周宗安和张秀锋(2006)认为,国有银行对中小企业的贷款不足造成我国中小企业融资难,从而无法实现我国信贷市场的帕累托改进,而 2003 年对上海市 1000 家中小企业进行的调查结果也显示,有 69% 的受访企业认为融资难问题影响了企业发展,仅有 21% 的中小企业能够得到一定程度的银行贷款支持。上述调查均表明我国中小企业目前面临严峻的融资难困境。

（2）国外对于我国中小企业融资难的研究

国外也有学者针对中国中小企业融资现状进行调查。Garcia – Fontes（2005）对中国中小企业的发展和融资现状进行调查后发现存在诸多问题，包括信用体系不全、抵押物少、信用等级评估机制不完善、缺乏透明的财务审计记录且经济规模达不到银行的放贷要求。调查数据显示，2002年我国初创企业的主要资金来源中有55%是自有资金，私人借贷占31.6%，银行和农村信用合作社贷款则仅约占23.4%，而正是上述问题导致中国中小企业面临非常严重的信用约束。不仅如此，我国中小企业与亚洲其他发展中国家相比，融资难问题更加凸显。如Dollar等（2003）的调查数据显示，2003年中国中小企业仅有12%的营运资金来自银行贷款，而马来西亚为21%，印度尼西亚为24%，菲律宾为28%，韩国和泰国均为26%，可见与其他亚洲国家相比，中国的中小企业仅能获得有限融资。该报告同时显示，中小企业正规融资（Formal Finance）会随企业规模的缩小而降低，所有调查国家中的中小企业均比大企业使用更少的正规融资，但是与其他国家相比，中国中小企业的这种差距则更大。

（3）国外中小企业融资难问题

Revest和Sapio（2012）对欧洲科技型中小企业的融资问题进行研究后发现科技型中小企业投资的资金来源主要依赖于内部资金。世界商业环境调查组曾于1999—2000年对超过80个国家的1万家企业（其中超过80%样本为中小企业）进行调查，发现将融资问题视为主要障碍的小型（中型、大型）企业为39%（36%、32%），且这种小企业具有更高融资障碍的现实在发展中国家和发达国家均存在。Berger和Udell（1998）对美国中小企业的融资来源进行统计后发现，中小企业的主要融资来源包括企业所有者的权益融资、贷款、信用卡债务、商业银行和交易信用，上述各种来源共占中小企业融资的70.10%。总之，各国学者关于中小企业融资现状的调查结果均说明，中小企业融资难问题在世界范围内广泛存在，而中国相对于其他发展中国家和亚太国家，中小企业融资难问题则更为严峻。

2.1.2 中小企业融资难的原因

20世纪初英国学者哈罗德·麦克米伦提出"麦克米伦缺口"（Macmillan Gap），指出中小企业在发展过程中存在融资壁垒，由此开创了中小企业融资问题先河。

此后各国学者开始针对这一问题展开研究和讨论,并逐渐从不同角度分析了中小企业融资难的深层次原因。具体而言,包括以下几个方面:

(1)金融压抑和金融约束造成中小企业融资难。McKinnon(1973)和 Shaw(1973)针对发展中国家普遍存在的金融发展不完全、资本市场扭曲和政府对金融的过度干预现象提出金融抑制理论(Financial Repression),认为政府会在金融压抑情况下引导资金进入自身偏好的国有经济部门或者大型项目,而非国有企业和中小企业则很难得到相应支持;Hellman 等(1997)基于发展中国家金融市场化的失败经历,提出通过政府金融政策租金为金融市场各部门提供适当激励的金融约束理论。根据该理论,当银行各部门竞争不充分时,银行部门缺乏支持中小企业的较强激励,从而难以满足中小企业的融资需求。

(2)中小企业自身存在缺陷。李大武(2001)认为造成中小企业融资难的原因包括资产结构缺陷,具有较大经营风险,没有完整的会计制度,信息披露意识差,融资成本高等;李志(2002)认为由于我国银行业高度集中,信贷资源较为集中,而中小企业由于信贷规模小,存在严重信息不对称且缺乏足够的抵押资产,因此银行在面向中小企业贷款时往往存在成本高、抵押难和风险大等问题,从而造成中小企业难以获取银行信贷;欧阳凌和欧阳令南(2004)从我国产权制度上的差异分析中小企业融资难的原因,认为非对称信息下中小企业的私有性导致国有商业银行惜贷。

(3)信贷配给导致中小企业难以获得银行信贷资源。Stiglitz 和 Weiss(1981)认为,在信息不对称情形下,信贷市场必然存在道德风险和逆向选择问题,此时银行宁愿在较低的利率水平拒绝一部分借款人而不愿在高利率水平向所有借款人发放贷款,此时便出现信贷配给。Williamson(1987)则认为即使不存在道德风险和逆向选择,银行利率上升将使银行对单位贷款回报有更高预期,从而加大借款人的违约风险,这无疑会增加银行的监督成本,从而降低其预期收益,因此,市场不可能存在一个出清利率,此时愿意在信贷市场支付更高利率的借款人也不可能获得贷款。中小企业存在经营风险大、还款概率偏低、贷款交易成本高的问题,银行在不了解中小企业真实风险前提下,必然会采取信贷配给,从而造成中小企业难以从银行获取信贷资源。

(4)银行的市场结构对中小企业融资的影响。Guzman(2000)通过对垄断性和竞争性银行两种极端市场结构的比较,指出高垄断性会导致逆向选择行为,在增加银行监督成本的同时降低银行放贷积极性,因此,在垄断性市场结构下,银行的放贷量明显低于竞争性市场结构。而事实上，由于我国贷款市场长期被大型国有银行垄断，同时国家长期不重视中小金融机构的发展，缺乏有效的监督机制，中小企业在这种市场结构中很难获取银行的间接债务融资（林毅夫和李永军，2001）。

（5）企业成长阶段对其融资行为的影响。Berger 和 Udell（1998）认为，中小企业在成长过程中具有金融周期，企业在不同阶段具有不同的信息和资产规模等约束条件，越是早期的企业面临的融资约束就越紧，融资渠道也会相应更窄，但是其财务需求和选择权变化随企业成长、经验获得和信息不透明度的减弱而变化。陈晓红和刘剑（2006）分析了我国中小企业融资结构变化和融资方式的演进过程，发现中小企业在不同发展阶段，其融资结构具有周期性变化特征，在企业发展初期多依靠业主出资、政府投资和亲友借款等内部融资方式，随着企业进入成长期和信息不对称的降低，企业留存收益、业主再投资和信用担保款逐渐成为主要融资来源，企业进入成熟期后，不动产抵押贷款、非银行机构贷款和主板市场上市的融资比例逐渐增多。

从以上导致中小企业融资难的原因分析可知，金融结构发展不完善和中小企业信息不对称是导致中小企业融资难的主要原因。因此，要解决中小企业融资难问题，需要完善金融体系，发展中小金融机构，从解决中小企业信息不对称等问题入手。

2.2 中小企业创新与融资的关系研究

2.2.1 中小企业创新投资特征

创新被广泛认为是国家和企业在竞争中的关键影响因素（Tourigny 和 Le，2004）。而中小企业作为创新的主体正显得日益重要。中小企业以追求创新作为核心商业战略将会提高生产率，实现企业成长可能性并提高生存机会（Cefis 和 Marsili，2006）。因此，中小企业要在日益激烈的市场竞争中获得成功，需要提高参与创新的程度。但是，中小企业的创新投资行为具有特殊性，因而会对融资产生复杂的影响。

中小企业的研发项目收益存在高度不确定性。尽管研发项目可以带来高收益，但是研发项目的高收益会伴随着高风险，因为高 R&D 投入意味着复杂而激进且未在市场上进行大范围测试的创新，这种不确定性和信息不对称会随 R&D 投资的增加而增大（Muller 和 Zimmermann，2009）。

（2）研发项目的质量很难评估。评估研发项目不仅需要技术知识，且投资者会面临企业所有者出于保守研发机密的需要隐瞒研发细节。这种信息不对称将导致逆向选择和道德风险，从而影响投资者提供权益或债务资本的意愿（Hall 等，2004）。

（3）企业创新投资的特殊性。由于创新主要源于企业的 R&D 项目投资，从这个角度而言，企业 R&D 活动可被视为创造知识的私人投资，从而使得 R&D 项目投资与其他投资有所区别。但是与其他投资一样，R&D 投资同样需要资金，且 R&D 活动具有高投资成本和低抵押价值特征（Czarnitzki 和 Hottenrott，2011）。

（4）创新投资具有较高的沉没成本。开展 R&D 项目具有很大的沉没成本，且调整 R&D 投入的成本也非常昂贵，因为 R&D 投资的很大一部分用于支付研发人员工资，而这些员工通常是高技术工种，雇用和培训这些员工的花销将非常昂贵，如此便导致 R&D 费用的高企和低波动性（Hall，2002）。

（5）创新企业管理层的特征。由于中小企业管理者通常对技术更为了解且具有企业家精神，因此对风险承担具有积极的态度，而且中小企业的 R&D 部门可能在决策上更具有影响力，企业的所有者人数也有限，这将使得管理层更大的决策弹性（Czarnitzki 和 Kraft，2004）。

2.2.2 中小企业创新对融资的影响

中小企业的创新特征除了可能会对中小企业的融资机会产生负面影响，年轻企业也可能因为无法利用早期的留存收益来资助 R&D 项目而面临更多的融资约束。此外，由于年轻企业的违约风险更高，因此在通过银行进行 R&D 项目的融资时可能会受到一定的限制（Fritsch 和 Schilder，2006），当然，中小企业创新融资，需要在国内现有的金融体系去实现内源或者外源融资。

（1）中小企业外源融资

①中小企业债务融资。一般而言，企业通过内源融资或者外源融资来资助

其创新项目。但是，与一般投资不同，企业的 R&D 项目获取外源融资时往往受到更多限制，从而恶化了资本市场不完美程度，这是因为投资价值的信息不对称和创新项目所产生的无形资产恶化了 R&D 项目的融资条件（Czarnitzki 和 Hottenrott，2011）。银行等债权人更倾向于实体和诸如证券等可重新配置的资产，因为这些资产可最低限度地保证项目失败或企业破产时能够进行清算，而大部分 R&D 投资具有沉没成本且无法重新配置（Alderson 和 Betker，1996）。此外，债务融资需要稳定的现金流，这将进一步阻碍企业通过外部融资实现 R&D 投资，这是因为大部分 R&D 项目无法立即实现商业化（尤其是涉及基础研究的项目），而可能需要在获得初次回报之前持续投资多年（Hall，2002）。实证研究也发现企业负债率与 R&D 投入强度之间的负相关关系，而这一结果无疑揭示了一个事实，即当这些中小企业无法获得新的外部融资，同时还需要偿还现有债务时，其 R&D 活动会减少（Czarnitzki 和 Kraft，2004）。

②中小企业权益融资。除了外源融资中的债务融资，也有研究表明，通过权益融资资助 R&D 也可能有很高的成本。如 Myers 和 Majluf（1984）就提出，由于存在信息不对称，企业在筹集新股本时需要考虑与双方信息不对称程度相关的"柠檬溢价"（Lemons Premium）。Muller 和 Zimmermann（2009）基于 6000 家德国中小企业的数据，使用银行竞争集中度作为控制内生性的工具变量，分析了中小企业 R&D 活动中权益融资的重要性，发现更高的股权融资水平将有利于增加企业的研发投入。同时，作者还发现股权融资对年轻企业会产生更大影响，因为对于需要依赖企业所有者的原始股进行创新投资的年轻企业而言，股权可能是一种制约因素，而这些企业还未开始累积留存收益，很少依赖外部融资。

（2）中小企业内源融资

在外源融资中的债务和权益融资均存在较大的困难时，内部融资就成为 R&D 投资最偏好或者唯一可行的选择。虽然内源融资成本较低，但是却具有一定的局限性。Schumpeter（1934）首先指出通过内源融资支持 R&D 活动可能存在的问题，他强调竞争市场无法长期给企业的 R&D 提供足够金融资源，而通过暂时性的垄断收益来支持未来 R&D 活动则十分必要。因此，如 Hall（1992）所指出的，正的现金流对于 R&D 而言比其他投资更为重要。Petersen 和 Carpenter（2002）基于 1600 家小型制造业企业对内源融资与小企业增长之间的关系进行了检验，发现一般的小企业均会保存其所有收益，获得的外源融资极少，而这些企业的资产增长率与现金资产比基本相当。在大多数小企业均依赖于内源融资的前提下，企业增长会因内源融资的有限可得性而受到一定的限制。

（3）金融体系与中小企业创新

金融市场对中小企业创新推动和促进作用，基本集中在以下几个研究方向：

①金融市场发展与企业创新资源的配置。金融市场可通过资源的有效配置，将社会资金配置到需要大规模投资的创新项目中。Bencivenga 等（1995）对资本市场、技术创新和经济增长问题进行研究，发现金融市场的效率会通过影响市场对企业技术创新的选择来影响国家经济增长。金融市场的交易活跃度在交易成本较高时将会降低，从而倒逼市场选择研发期限较短的技术创新投资行为，只有当金融市场活跃度达到一定的水平之后，金融市场才会表现出对研发期限较长的技术创新投资的偏好，而这种高投入高产出的技术创新活动往往会带来较高的利润，从而有利于国家经济增长。Morck 和 Nakamura（1999）认为，商业银行在解决企业融资方面存在不足，而金融市场可通过引导作用将金融资源配置到企业创新活动中，因而更适合具有高风险特征的创新研发投资活动。Allen 和 Gale（2003）认为，由于投资观点和风险程度是决定金融市场和商业银行绩效的关键，因此对于新兴产业或者难以获取信息的产业而言，通过金融市场可以寻找到不同风险偏好的投资者，从而顺利实现融资。

②金融市场的信誉资本对企业创新的促进作用。Michelacci 和 Suarez（2004）认为，金融市场可通过风险资本家的财富、专长和名望来促进企业的创新和成长。这是因初创企业因面临较高的信息不对称和激励成本，因此在上市时比成熟的企业具有更高的成本。在上市前，初创企业可通过银行与风险投资家等监督者合作来获得融资，直到企业经营前景改善或激励问题有所缓和。初创企业越早上市，则银行和风投等监督者则可能越快的将信誉资本转向其他初创企业，因此在信誉资本供应不足时，企业往往会寻求商业创新（Business Creation），而由此带来的技术性溢出和新企业因上市带来的外部性利润将鼓励企业上市，最终促进企业融资并投入到新的研发项目。

③金融体系的融资多元化与中小企业创新风险规避。Saint – Paul（1992）认为资本市场可通过多元化来分解企业创新风险，商业银行在无资本市场时只能通过选择技术多元化的企业来分担并控制风险，而这种多元化会导致多重均衡，如此便容易造成低水平均衡上的企业融资不足且技术专门化也较低，但是在高水平均衡上则会产生相反的效果，造成企业投资过度。因此，资本市场可利用

资本供给来调节这种均衡，从而满足各类型企业的融资需求。King 和 Levine（1993）认为，金融体系的流动性和变现的便利性能够帮助企业通过资产组合的方式来规避并化解因技术创新的高风险和高度不确定性所带来的收益风险，从而促进社会资本流向企业的创新活动。

④金融市场中的风险投资对企业创新的促进作用。作为金融市场的重要组成部分，风险投资可在弥补中小科技型企业的创新资金缺口中发挥重要作用（Himmelberg 和 Petersen，1994）。Aghion 和 Tirole（1994）等学者认为，高科技企业在早期阶段的最大发展瓶颈在于融资约束，因为对于资金提供者而言，高科技企业在早期发展阶段会面临诸多风险，包括产品市场认可度不高、行业技术和结构更新快、企业家缺少管理经验和企业无形资产占比过高等，当金融市场中高科技企业的风险承受能力较低时，其投资和贷款意愿将会降低。在这种情况下，风险投资机构和天使基金等风险承受能力较高的资金提供者将发挥独特优势来弥补高科技企业的资金缺口。Keuschnigg 等（2004）认为，由创业者提供关键技术而由风险资本家提供资金和管理经验的契约形式，将有效提高企业的创新投资水平并促进企业的技术创新。

总结上述研究，可知以企业的 R&D 投资为主的中小企业创新活动容易受到融资约束。而由于中小企业的固有特征，在其内源融资不足时，通过金融市场中的债务和权益等外源融资解决融资难问题也存在一定的局限。

2.3 中小企业信息不对称和不完全契约研究

2.3.1 中小企业信息不对称与激励契约

传统的融资结构理论均认为中小企业在借贷时尤其会面临严重的信息不对称问题。这种信息不对称自然带来道德风险和逆向选择问题，从而导致中小企业融资难。因此，近年来新兴的关于中小企业资产证券化和可转债的相关契约设计，均从信息不对称引起的逆向选择和道德风险问题出发，研究解决这一问题的激励机制。

(1) 资产证券化过程中的信息不对称和契约设计

①信息不对称引起的逆向选择和资产证券化激励契约。资产证券化过程中,贷款人在筛选借款人申请时,通常会有动力去利用其掌握的贷款人信用评分、收入和债务偿付能力等软硬两方面的私有信息,将高质量的贷款留在自己的资产组合中,而将低质量的贷款出售给投资者,从而形成一个柠檬市场,出现逆向选择问题。如 An 等(2011)构建了一个柠檬市场模型并利用美国市场的资产证券化金融产品数据证明了商业抵押贷款中卖方(贷款发起人)和买方(投资者和证券发行人)之间的信息不对称会产生标准的柠檬市场问题,即资产证券化契约中的出借人会利用私有信息在商业抵押贷款支持的证券化市场中清算更低质量的贷款,而中介公司可缓解信息不对称和贷款销售中的逆向选择问题。Agarwal 等(2012)利用 2004—2007 年的抵押贷款数据对抵押贷款的逆向选择问题进行实证研究,发现在主要抵押贷款市场存在逆向选择问题,即银行通常将低违约率的贷款出售至二级市场,而将高违约率贷款留在自己的投资组合中。但是与出售的贷款相比,银行会保留具有更低预付风险的贷款,因此资产证券化将更有利于企业贷款。Benmelech 等(2012)使用两组不同的抵押贷款数据调查抵押贷款证券化中的个体贷款绩效,检验了证券化是否与公司贷款市场中的借贷风险有关,实证结果发现公司贷款证券化中的逆向选择问题没有常人想象中的那么严重,2005 年之前的证券化绩效并不比未证券化的产品绩效差,而 2005—2007 年间的证券化贷款则呈现微弱的低绩效,而在借贷过程中的联合激励机制有可能降低抵押贷款证券化过程中的逆向选择。

②信息不对称引起的道德风险和资产证券化激励契约。目前学术界在资产证券化所引起的道德风险问题上存在共识,即当出借人将贷款出售给不同的投资者以降低贷款违约时投资者所承担的成本时,出借人在筛选借款人时将激励不足,此时便形成道德风险问题。如 Iacobucci 和 Winter(2006)认为,若资本市场是完美的,则资产证券化激励问题就不会出现,而正是因为金融市场存在税收且投资者之间以及管理者和投资者之间存在信息不对称,管理者才有可能采取隐藏行为,资产证券化才会存在道德风险问题。Hartman – Glaser 等(2012)认为私人证券化市场中的投资者难以证实资产质量和发行人的操作,因此资产证券化中的承销商(发行人)存在道德风险行为。Malekan 和 Dionne(2014)认为资产证券化在借贷人筛选资产和监督过程中容易出现道德风险问题,因为借贷人在将贷款出售给投资者并将贷款从资产负债表中移除后,违约风险将会转

移至投资者而非借贷人，此时银行便会放松在仔细评估和监督借款人的信用质量以保证借款人可偿付贷款方面的激励。

在认识到资产证券化存在道德风险的基础上，有学者通过现实资产证券化产品的数据对其中的道德风险问题进行了检验。如 Downing 等（2009）基于 1991—2002 年间美国抵押贷款支持证券化的复杂销售数据进行实证分析后发现，由于资产证券化市场缺乏资产出售者的风险保留机制，因而是一个柠檬市场，容易造成道德风险问题。Mian 和 Sufi（2008）基于 2002—2005 年的次级贷款数据进行实证研究，结果发现定价偏差引起的代理冲突在次贷危机中扮演了重要角色，即与资产证券化有关的道德风险在危机期间引起了抵押贷款的高违约率，从而导致全球金融危机。Keys 等（2010）发展了抵押贷款市场的特定规则，以检验证券化过程是否降低了金融中介仔细筛选借款人的激励，结果发现现有的证券化实践会对次级贷款借贷人的筛选行为产生负向激励，即次级贷款证券化导致金融中介在筛选资产时放松标准，尤其是在投资者无法轻易证实但却能够决定借款人违约风险的软信息方面。

（2）可转债契约设计过程中存在的逆向选择和道德风险问题

①信息不对称引起的逆向选择和可转债契约。目前有大量理论模型将可转债视为降低由企业内部人和外部人之间信息不对称所引起的逆向选择成本的工具。如 Brennan 和 Kraus（1987）、Brennan 和 Schwartz（1988）在模型中假定管理者和股票市场中投资者之间对企业风险的感知不一致，在这种情况下，对风险的高感知水平（High Perceived Level）将导致企业不得不以高过管理者认为的合理利率水平支付直接债务的利息，但是通过发行可转换债券可缓解这一问题，因为更高的感知风险将转换为更高的转换期权价值。因此，当可转债的信贷部分被低估时，转换期权会被高估，从而使证券价格回归合理水平。因此，对于管理者和外部投资者而言，可转债比直接债券更容易达成一致，从而可有效控制逆向选择问题。另一种逆向选择的理论模型则是基于企业价值而非企业风险的信息不对称进行分析。如 Stein（1992）的后门权益信号模型认为存在关于企业价值的信息不对称，企业进行权益融资时可能向市场传递企业价值被高估的信号。但是与二级市场上同等规模的权益相比，可转债的权益组成部分较小，发行可转债将不太可能被视为企业估值过高的信号，从而减低逆向选择成本，因此企业通常使用可赎回可转债作为一种延迟股权融资的折衷方式。Chakraborty 和 Yilmaz（2011）在 Stein（1992）模型的基础上放松了假设，即

信息不对称在可转债赎回时即得到解决，研究结果表明，当初始的信息不对称持续时，管理者可通过发行可在股价超过某一门槛值时赎回的可转债来克服逆向选择问题。

②信息不对称引起的道德风险和可转债契约。融资过程中的不可观测努力会导致投融资双方之间的信息不对称，目前有许多可转债融资的研究集中于分析这种情境下资本结构和激励之间的关系。如 Green（1984）、Myers（1984）、Schmidt（2003）、Wang 和 Zhou（2004）、Dessi（2005）等研究创新项目中的资本结构和双边道德风险中的激励努力之间的联系，强调可转债契约中充分激励回报方案的重要性以及阶段融资和可转债在消除道德风险方面的重要作用。Green（1984）认为可转债可降低股东参与高风险和负净值项目的激励水平，因为股东不得不与可转债持有人分享高风险项目的现金流，而这将在一开始就降低股东参与这类投资项目的积极性，从而抑制道德风险。Myers（1984）认为，当公司拥有一系列投资机会时可转债可作为降低管理层和股东之间代理冲突的工具，而阶段融资设定下的模型推导结果表明可转债比长期直接债券更适合用于实物期权融资，因为在投资期权无价值时，可转债可通过弥补债券和向债券持有人返回现金的方式克服过度投资问题；而当投资项目变得有价值时则将可转债转换为普通股。Schmidt（2003）从双边道德风险防范的角度分析了可转换证券的激励特性，他们发现可转换证券可根据自然状态和企业家努力水平来分配现金流，从而降低双边道德风险，激励企业家和风险资本家实现有效率的投资。Wang 和 Zhou（2004）在企业家面临不完美资本市场而投资者面临道德风险和不确定性的情境中构建阶段融资的可转债模型，分析阶段融资在控制风险和缓解道德风险方面的作用，结果发现当阶段融资与可转债结合起来使用时，阶段融资契约可作为控制代理问题和缓解道德风险的有效补充机制。Dessi（2005）研究了企业家和金融中介（风险资本家）以及其他分配现金流权和控制权的投资者之间的最优融资契约，发现将现金流和控制权配置结合起来的可转债契约可激励风险资本家有效监督企业家，从而抑制企业家的道德风险行为。

上述关于资产证券化和可转债的逆向选择和道德风险问题，均是因中小企业的信息不对称所导致，因此，要解决中小企业融资难问题，设计融资契约仍然是以信息不对称作为研究出发点，通过解决逆向选择和道德风险问题来提高融资效率。

2.3.2 中小企业融资中的不完全契约理论研究

传统委托代理理论都假定委托人和代理人能够签订完全契约，而并没有考虑到契约的执行问题。以 Williamson 和 Hart 为代表的经济学家认识到，由于人的有限理性，以及外在环境的复杂性、信息的不对称性和不完全性，契约当事人或契约仲裁者无法验证或观察到所有情况，因此现实中契约条款是无法完全的（Incomplete）。Grossman 和 Hart（1986）、Hart 和 Moore（1990）等基于对契约不完全特性的认识发展了不完全契约理论。因而前面提及的委托代理理论则被称为完全契约理论。完全契约理论与不完全契约理论的根本区别在于：前者认为事前就能够规定各种或然状态下当事人的权利和责任，因此其重心是事后监督问题；而后者却认为现实中契约无法规定各种或然状态下的权责，因而主张在自然状态显现后通过再谈判机制来解决，故其重点就在于对事前的权利（包括再谈判权利）进行机制设计或制度安排（徐细雄，2007）。

由于契约的不完全性，契约的订立双方并不能把在各种条件下的所有责任和权利规定得清清楚楚，因此没有详细规定的那部分权利，即剩余控制权（residual rights of control），就必须归资产所有者。也就是说，当契约不完全时，资产归谁所有，谁拥有资产的支配权等问题就变得非常重要，这是 Hart 对产权理论与企业理论所做出的重大贡献。Hart 等人还认为，在不完全契约的环境中，实物资本所有权是权利的基础，而且拥有实物资产所有权，就能够对人力资本所有者实施控制。因此，企业的性质最终由其所拥有或控制的非人力资本来决定。由此可见，不完全契约理论的研究重点是资本所有权和剩余控制权的最佳安排（苏启林和申明浩，2005）。也正因为此，Williamson（2002）就把不完全契约理论称为产权理论（Property Right Theory），以区别于交易成本理论。

尽管不完全契约理论自 20 世纪末提出以后便得到了快速发展，并成为当前主流经济学家关注的焦点，但也有一些学者对不完全契约理论分析框架中的主要假设提出了质疑。首先，关于契约不完全性成因的解释大相径庭。Tirole（1999）认为，契约的不完全性是由不可预见的或然性（Unforeseen Contingencies）、拟定契约的成本、实施契约的成本等因素中的一种或几种造成的。Rajan 和 Zingales（1997）则指出，昂贵的成本与难以预料的或然性是导致现实生活中契约不完全性的原因。Rasmussen 等（2001）在解释契约不完全性时则指出，契约的不完全不仅是由契约的拟定成本造成的，而且还因为存在契约的解读成本。Segal（1999）则从环境复杂性的角度揭示了造成契约不完全的原因。他认为，环境复杂性是导致契约不完全的原因。而 Anderlini 和 Felli（1999）把契约的不完全性归因于拟定和实施契约过程中形成的复杂性成本（Complexity Costs）。其次，关于不完全契约的主要假设受到了不少学者的质疑。Maskin 和 Tirole（1999）提出的不相关定理（The Irrelevance Theorem）表明，即使某些内容是第三者无法验证的，只要签约双方知道各自的预期成本和收入，就不必把不可验证的内容写入契约，这样就能够设计出完全契约。再者，Rajan 和 Zingales（1997）批驳了不完全契约理论的实物资本强权论。他们认为，企业并非完全由非人力资本所决定，而是由实物资本、人力资本、天才和创意共同组成的一个集合体；"对任何关键性资源的控制都是权力的源泉"，并据此提出了一个与剩余控制权相对应的"进入权（Access）"概念，将之定义为使用或处理企业关键资源的能力，授予的权力来自于掌控这些资源的人，而不管他们是不是所有者。合理配置关键资源的使用权更有利于促进专用性人力资源投资。

2.3.3　中小企业债务契约融资与信息披露

中小企业融资过程中的资金提供者需要了解的信息通常包括借款人的个人信息以及企业的经营信息（王宣喻和储小平，2002）。在大多数情形下，金融机构均能根据量化的个人信息和企业经营信息对潜在信贷风险进行评估。但是当中小企业尤其是中小高科技企业从事创新研发一类经营活动且企业不断成长时而融资需求也越来越大时，中小企业严重的会计失真和财务信息不透明将导致企业难以实现融资（李伟和成金华，2005）。这是因为债权人一般不直接参与企业的经营管理，无法了解企业的关键运营信息和债务人偿还本息的可能性。为了保证债务投资安全性，债权人有通过企业披露的相关信息对债务人实施监督的动力（Van Caneghem，2012），而提高公司信息披露质量水平也确实有助于信息不对称程度的降低（Diamond 和 Verrecchia，1991），从而提高债务融资效率。

近年来，有不少学者关注中小企业债务融资与信息披露之间关系的研究。如 Yosha，（1995）和 Francis（2003）认为企业对外披露的财务和非财务信息能够通过治理和定价功能降低外部投资者和内部人之间的信息不对称，从而降低企业债务融资的代理成本；Sengupta（1998）发现信息披露质量的提升可以降低债务融资契约的监督和执行成本，从而缓和中小企业的债务融资约束；Debreceny 等（2003）发现对于债权投资人而言，中小企业披露的财务和非财务（如研发投入、研发项目进展）信息是其进行投资决策的重要依据，中小企业的财务状况越好、获利能力越强、产品研发和销售前景越明朗，则债权投资者在给予中小企业信贷资源时的信心则越强。随着对中小企业债务融资问题的研究逐渐深入，近年来也有学者将研究视角延伸到资产证券化和可转债等新兴中小企业债务融资方式。如 Cassar 等（2015）认为，信息披露是否及时和准确，信息不对称程度是否降低，将直接影响债权人在投资这些衍生品时面临的风险和债权人的投资积极性；Cheng 等（2011）发现，由于资产证券化投资者难以评估衍生品的风险，发行资产证券化产品的银行在承销过程中会利用其信息优势将衍生品风险转移给投资者，而当银行披露的信息透明度增加时，投资者评估风险的能力也随之增加；Bartha 和 Landsman（2010）发现次贷危机过程中资产证券化衍生品的信息披露并不足以帮助投资者准确评估银行资产和负债的价值和风险，从而导致投资者的无效率投资行为。Lewis 等（1998）在研究企业管理层的可转债发行动机问题时发现，管理层发行可转债的一个重要动机旨在缓解信息不对称带来的投资者逆向选择问题。

从上述研究可知，学者们很早就开始关注信息披露在降低信息不对称以缓解债务融资约束方面的作用，但是对于中小高科技企业而言，这些研究仍然忽视了这类企业的创新研发特性，也忽视了研发活动的信息披露对企业债务融资可能产生的影响。中小高科技企业融资主要是为了投入创新研发，但是研发活动往往具有高风险和高不确定性，企业内部管理层与外部投资者之间往往存在更为严重的信息不对称（Ahmed 和 Falk，2006），这种因创新研发导致的高度信息不对称将增加中小企业获得债务融资的难度（Aboody 和 Lev，2000）。因此，除了企业所披露的正常财务信息，研发信息的披露也将对企业的债务融资效率产生重要影响（Jones，2007），要解决中小企业因信息不对称导致的融资难问题，需要在债务融资契约设计中注重中小企业信息尤其是研发投资等具有高度不确定性的信息披露。

2.4　中小企业创新与融资契约

2.4.1　中小企业融资理论

(1) 中小企业融资结构理论

①啄食次序理论。Mayers 和 Majluf（1984）认为，当企业内部管理者与现有股东和外部投资者之间在现有资产和投资项目价值方面存在信息不对称时进行股权融资，那么管理者只有在项目预期收益不小于企业实际价值与投资者估值之间差额时，才可能进行投资，否则，即使项目投资收益不小于零，也会存在投资不足现象。在有效市场条件下，若外部投资者能够准确预期到上述行为，那么将会视企业股票融资为坏消息，从而导致股价下降。因此，Mayers 和 Majluf（1984）认为在信息不对称条件下，股票融资会导致企业投资不足和股票价格下降现象的发生。为了克服上述问题，Mayers 和 Majluf 提出了啄食次序理论，即：第一，企业会避免通过发行股票或其他风险证券来为投资项目寻求融资；第二，企业必然会要求一个目标股利支付率以保证内部融资达到正常投资收益率；第三，企业会在确保安全的前提下，从风险较低的债务融资开始寻求外部融资，即企业首先会寻求债务融资，其次可能是诸如可转债的混合证券，最后才可能寻求权益融资。总之，啄食次序理论认为不同融资方式所面临的不同信息约束和信号传递会带来融资成本差异，企业会依融资成本最小化原则首先选择内源融资，其次选择债务融资，最后才会选择信息约束最严格且成本最高的股权融资。

目前已有许多学者针对啄食次序理论进行实证检验。如 Watson 和 Wilson（2002）利用 1990—1995 年间 629 家英国中小企业作为研究样本对啄食次序理论进行检验，发现当中小企业需要额外融资时，最偏好于留存收益，其次是债务，最后是对外部投资者发行新股；Mac an Bhaird 和 Lucey（2010）对 299 家以色列中小企业进行研究发现，企业利用累计收益进行在投资时，会更多地依靠内部权益融资（包括企业主的私人资金和亲友资金等），企业长期债务融资与企业规模正相关，与企业年龄负相关。同时，具有较高固定资产比例的中小企业可通过提供更多抵押品的方式保证债务融资安全性；Silva Serrasqueiro 等（2011）基于 610 家服务行业中小企业，126 家服务行业大型企业，679 家制造业和建筑行业中小企业以及 132 家制造业和建筑行业大型企业这四个研究样本，分析服务型中小企业与其他类型企业的资本结构决策是否存在差异。实证结果发现：服务型中小企业的资本结构与其他类型企业不同，更加适用于啄食次序理论；Degryse 等（2012）认为随着企业发展壮大，其多样化经营和更少的盈余波动将会减缓信息不对称问题，这会降低债务融资成本，作者基于 2003—2005 年荷兰中小企业的数据进行检验，发现企业的资本结构决策与啄食次序理论一致：荷兰中小企业利用留存收益降低负债水平，成长性的公司在需要更多资金时会增加债务融资比例。上述理论和实证研究均表明，啄食次序理论适用于分析中小企业融资问题，即中小企业在成长和发展过程中，会优先使用内部权益或留存收益，其次是寻求成本较低的债务融资，最后才是寻求外部投资者的股权融资。

②金融成长周期理论。企业生长周期理论的研究在很多文献中主要以描述性概念的形式存在。Berger 和 Udell（1998）在企业生长周期理论的基础上从企业融资角度提出金融成长周期理论。他们认为，中小企业成长过程具有金融周期，其财务需求和财务选择权会随企业成长、经验增长和信息不透明度的减弱而变化。具体而言，更小、更年轻、信息更加不透明的企业主要依赖于内部融资（包括创业团队、创业初期的亲友资金）、交易信用和天使融资。随着企业成长，中小企业逐渐获得权益类（如风险投资）和债务类（如银行和信贷公司等）的中介融资。最终，如果企业仍然存在并继续成长，则会进入公共股票和债券市场融资。实际上，初创企业融资主要依赖于内部人资金、交易信用和天使融资（Sohl 和 Wetzel，1994）的观点具有理论吸引力，这是因为初创企业信息最不透明，因而在获取外部融资上面临着最大的困难。但是当产品成功接受市场检验之后，风险投资会开始资助全范围的营销和生产，且通常会在企业已接受一轮或多轮天使融资之后开始投资。当然，某些时候风险投资要资助企业的生产发展成本，比如风险投资资助生物制药行业的临床试验（Fernandez 等，2012；Fagnan 等，2013）。传统观点认为银行或商业借贷公司通常会在企业达到一定的生产水平，而资产负债表中出现大量可供抵押的有形资产，比如应收账款、存货和设备时才会投资小企业。如 Elijah Brewer 等（1997）的实证研究结果表明，以风险资本形式存在的外部私人股权融资更可能适用于无形资产或基本不产生

抵押品的投资，而外部私人债务融资可能更适用于有形资产投资。上述一系列与企业成长周期相关的融资方式可被视为现代基于信息的证券设计理论和融资次序理论的内容。

目前，关于金融成长周期理论的相关实证研究成果较少。Fluck 等（1998）以美国威斯康辛州企业为样本进行研究发现，年轻初创企业中外部融资要高于内部融资，但是外部融资占总融资的比例会在企业生命周期的前 7—8 年中降低，然后才会增加。这是因为随着企业成长，其声誉效应能够为企业带来持续增加的外部债务融资。Mac an Bhaird 和 Lucey（2010）将 275 家以色列中小企业按五种权益融资和两种债务融资进行分类，并按 6 个年龄分组，对金融成长周期理论进行了实证检验，发现中小企业融资明显与金融成长周期模型相对应，且与啄食次序理论相一致。La Rocca 等（2011）认为，目前关于资本结构决定因素的争论主要是由于研究中未考虑到不同的信息不透明程度、企业特征和生命周期特定阶段的融资需求等因素。在考虑这些因素的基础上，他们通过实证研究发现，银行导向国家的企业处于不同阶段时，会采用不同层级的融资决策。但是与传统研究结论不同的是，债务融资是早期阶段企业的基本融资方式，而在成熟时期，企业会重新平衡资本结构，逐渐用内部融资取代债务融资，且金融生命周期理论在不同行业和不同时间似乎存在同质性。

上述企业融资结构理论中，Mayers 提出的啄食次序理论和 Berger 和 Udell 修订过的金融成长周期理论均强调企业信息对融资结构的影响。中小企业由于财务信息不完善和治理结构不完善等原因，往往具有更严重的信息不对称问题。因此，上述融资理论更适用于分析中小企业的融资问题。而实证研究结果则说明，目前并无放之天下皆准的中小企业融资模型，但是实证研究的共识在于，由于中小企业不同阶段具有不同的信息不透明程度、融资成本、融资需求和企业特征等，其融资方式存在差异，因此，在解决中小企业融资难问题时，需要结合具体情况提出具体的融资模式。

（2）其他融资结构理论

①代理理论。Jensen 和 Meckling（1976）认为企业可能存在多种高成本的委托代理关系，因为代理人（管理层）并不总是按照委托人（股东和债权人）利益最大化原则从事商业活动。当委托代理关系存在于中小企业时，小企业的主要代理冲突并非管理层和所有人之间，而是存在于内部人和外部人之间（Hand 等，1982）。由于中小企业缺乏统一且可通过公共途径获得的详细会计信息，这种信息

不对称将导致中小企业的代理问题更加严重。在这种情况下，每个公司的最优资本结构取决于能够消除股东和管理层之间以及股东和债权人之间代理冲突的债务价值。根据代理理论，股东和管理成之间的自由现金流代理成本会使企业进行更多债务融资以降低管理层处理现金流的自由度（Jensen，1986），而股东和债权人之间因投资不足和资产替代带来的代理成本则会使企业降低负债率，因为更高的负债水平可能导致企业拒绝价值增加的项目（Mayers，1977）并追求高风险项目（Jensen 和 Meckling，1976）。众所周知，小企业的经营活动通常意味着高商业风险和高破产成本，这也意味着企业的高债务融资成本（Revest 和 Sapio，2012）。由于中小企业管理者或所有者与债权人之间存在高度信息不对称并导致严重的代理问题，因此这些企业与其他企业相比很难获取债务融资。此外，中小企业规模更小，通常具有更高的风险和破产可能性，这可能使债权人将其与高风险联系起来，由此导致企业难以获得信贷（Silva Serrasqueiro 等，2011）。

②权衡理论。以 Robichek 和 Horne（1967）、Kraus 和 Litzenberger（1973）、Myers 和 Majluf（1984）等人为代表的权衡理论强调债务融资的收益和成本之间的权衡，前者包括利息支付的抵税金额，而后者则主要是由于大量负债所引起的破产成本。因此，企业需要设定一个债务股权比例的目标值，以平衡负债增加的税务优势以抵消可能产生的财务困境和破产风险。具体而言，权衡理论认为企业存在一个最优资本结构，企业可利用税收屏蔽的作用来增加负债水平以最大化企业价值。但是企业负债水平提高时，其陷入财务危机的可能性也随之增加，即便企业不会陷入破产境地，但是只要存在破产的可能性或者企业发生财务危机的概率上升，则会给企业增加额外成本，从而增加企业负债融资的难度。因此，企业在进行投资决策时，需要权衡负债的避税效应和破产成本。具体而言，根据权衡理论，举债企业的价值等于无举债企业价值与负债企业的税收利益之和减去预期财务拮据成本的价值，而企业的最优资本结构存在于企业举债所引起的避税效应与企业举债引起的风险成本以及各项费用相等时的平衡点。用公式表达即为：$V(a) = Vu + TD(a) - C(a)$，其中 $V(a)$ 表示企业有负债时的价值；Vu 表示企业无负债时的价值；$TD(a)$ 表示企业负债时的避税效应；$C(a)$ 是破产成本，其中 a 是举债企业的债务与权益之比。根据权衡理论的设定，Vu 是不变的常量，而 $TD(a)$ 和 $C(a)$ 均是债务权益比 a 的增函数。在 a 较小时，$TD(a)$ 增加的速度高于 $C(a)$ 增加的速度，说明此时企业的避税效应带来的收益高于额外增加的破产成本，此时企业继续举债有利；但是随着 a 的增

加,当 $TD(a)$ 增加的速度等于 $C(a)$ 增加的速度时,企业继续举债的收益达到临界点,此时企业价值最大。

2.4.2 中小企业资产证券化融资契约的相关研究

(1) 中小企业研发资产证券化相关研究

中小企业有限的融资规模和所面临的更严格信贷约束两者共同对其债务融资效率构成了巨大挑战。因此,在传统银行信贷配给和借贷成本高企的背景下,替代性融资技术对中小企业而言尤为关键(Jobst,2006)。由于资产证券化发行人可通过资产池的内在分化和风险整合过程降低融资成本,因而已经成为提升中小企业信用融资可得性最有效的方式(Franke 和 Krahnen,2007)。随着科技进步和知识经济时代的到来,企业研发活动所产生的知识产权(如发明专利权、实用新型专利权等)越来越成为中小企业尤其是中小高科技企业的独特竞争优势和核心价值。在传统融资渠道有限的现实背景下,通过资产证券化的金融创新方式,将企业研发产生的知识产权优势与资本市场衔接起来为中小企业提供新的融资渠道近年受到了国内外学术界的广泛关注。

国外方面,Pandey(2006)认为知识产权支持债券的可行性和吸引力取决于其能够产生的现金流,而计算正确的债券贴现率可为知识产权支持债券的投资者带来大量的收益,同时作者还利用几种不同的估值技术对知识产权证券化的可行性进行了评价。Franke 和 Hein(2008)以德国资本市场上的中型企业夹层贷款作为研究对象,运用仿真方法分析了这种证券化产品交易对资产管理公司、发起人和潜在投资者的益处,结果发现最近 10 次交易中不管对债务人收取多低的利率,债务人和投资者均能在一个相对公平的低风险水平上赚取可观收益。Odasso 和 Ughetto(2011)研究了可能导致专利支持证券化成败的决定因素,提出了一个概念框架并利用模糊聚类分析方法对两个美国制药行业的专利证券化交易案例进行检验,研究结果表明,市场规模、竞争水平和专利支持证券化对应的资产期限可以增加成功率,且更高质量的发明专利和更长的专利使用期可能降低因技术退化和销售失败带来的风险。Rassenfosse(2012)以美国中小企业的调查数据作为研究样本,发现中小企业比大企业更依赖于垄断性专利,且会更积极地通过证券化等方式运用这些专利。Fernandez 等(2012)构建了一个投资于多个药品研发项目的大型投资基金,并以生物制药行业的研发资产和项目成功后药品专利使用权所产生现金流作为抵押进行打包分层之后向不同投资者出售不同等级的债券以获取资金。同时，作者以现实经济数据作为参数，运用计算机仿真对研发资产支持的证券化的可行性进行了仿真计算，证明了研发支持证券化的可行性。

国内关于研发资产证券化的相关研究起步较晚，相关研究主要集中于阐述研发资产证券化的操作流程和发展策略等规范性研究方面。如艾毓斌和黎志成（2004）在介绍知识产权证券化的市场动力和基本交易结构的基础上，以美国耶鲁大学转让医药特许使用权的证券化操作过程作为案例，说明了知识产权证券化对在提高科研成果转化率方面的重要性。余振刚等（2007）在介绍知识产权证券化的基础上，提出了基于关键技术的知识产权证券化的运作过程，同时总结日本和美国知识产权证券化的发展历史，提出我国发展知识产权证券化的有利因素和策略。郭淑娟和昝东海（2010）基于西方发达国家知识产权证券化的经验，提出我国发展高新技术产业知识产权证券化的可行性及容易运作流程和发展策略。

（2）资产证券化契约设计研究

Malamud 等（2013）认为，次贷危机所引起的资产支持证券化市场的混乱致使监管者和市场参与者开始认真考虑以前的不对称激励方式对金融和实体经济部门效率的破坏。考虑到证券化在实现更好的风险分担和降低金融中介资本成本方面的重要作用，一个合理组织的资产证券化市场应该能够明显提升总收益。但是，金融中介和投资者之间的信息不对称和道德风险问题却可能导致该市场出现严重的功能失调和非流动性。而 2007—2008 年众多高等级结构化金融产品的崩盘也显然意味着信用评级业务在解决上述问题方面已经失败。因此，需要发展新的机制，为金融中介提供更好的激励，以促使其在监督证券化资产方面付出更多努力。在这一背景下，次贷危机后保留层（Risk Retention）机制和基于动态化支付（Dynamic Payment）的资产证券化激励契约设计已经成为学术界研究的主流，而次贷危机之前关于资产证券化契约的设计，则大多基于静态分析框架进行研究。

传统基于信息不对称的资产证券化契约设计主要是基于静态框架进行分析，这些文献将发行人面临的证券设计问题当成传统的资本结构问题进行分析，如 Myers 和 Majluf（1984）提出的资产支持证券化的啄食次序理论，Nachman 和 Noe（1994）设定了一个信息不对称环境下通过证券设计实现最小化定价偏差的严格框架，发现标准债务契约在很多证券化设计问题中都是最优的。基于啄食次序理论，Riddiough（1997）根据发行人不同层次的私有信息构建多种证券或分层并进行资产证券化处理，发现知情发行人可通过资产证券化增加收益。同时，不完全相关的资产打包过程可提供一定的分散化收益并降低"柠檬折扣"（Lemons Discount）。

在保留层激励契约设计方面，DeMarzo（2005）认为，由于资本市场存在交易成本、市场不完全和信息不对称等三个不完美因素，因此，证券打包是有益的。他在知情金融中介背景下构建了一个资产汇集（Pooling）和分层（Tranches）模型，发现当发行人拥有关于资产价值的更优信息时，由于存在资产汇集的信息破坏效应，此时最好分开出售而非打包出售资产。但是，当发行人可创造有资产抵押的衍生证券时，资产汇集和分层将是最优的。Malekan 和 Dionne（2014）以投资者作为委托人，借贷人作为委托人，利用委托—代理模型解决了资产证券化过程中的道德风险问题，结果发现最优激励契约必须包含保留层。

在动态化支付激励契约设计方面，Hartman – Glaser 等（2012）在动态框架内分析了抵押贷款支持证券化的最优激励契约，发现承销商获得支付的时机是决定激励契约是否有效的关键机制。此外，最优激励契约的到期时间可以缩短，而且资产打包可以让投资者迅速了解金融中介在筛选资产过程中付出的努力水平并提高信息效率，因而是有效的。在 Hartman – Glaser 等（2012）的研究基础上，Malamud 等（2013）构建了一个道德风险情形下的可违约资产证券化的最优联合（alignment）激励契约模型，计算任意给定的金融中介努力水平下的最优激励契约，通过模型推倒发现联合激励机制可部分解决证券化市场中的对称激励问题，且最优证券化契约的结构取决于信用风险的属性，该结果说明证券化可提高金融中介的激励水平，甚至当金融中介拥有完全谈判力时仍然有效。此外，最优契约的均衡努力水平和盈余均收敛于资产足够多时的最优努力水平。而除了上述最新研究进展，DeMarzo 和 Sannikov（2006）、Sannikov（2008）等人也基于资产动态属性或激励契约的动态属性对资产证券化的道德风险问题进行了研究，在动态激励契约设计方面取得了一定的研究成果。

2.4.3 中小企业可转债融资契约的相关研究

（1）中小企业可转债融资契约的相关研究进展

传统的中小企业融资结构理论强调信息不对称所引起的道德风险和逆向选

择问题对企业融资结构的影响。而近年随着不完全契约理论的兴起,可转债因其在抑制道德风险和逆向选择问题上的重要作用和有效性而广泛应用于研究创业型和科技型等信息不对称更为严重的中小企业的风险投资和融资问题。

早期关于可转债融资契约设计的研究主要基于代理理论展开,并且集中于通过结合发行动机来探讨可转债的融资契约设计问题(Mayers,1998)。有关此方面的研究,最早源于部分学者通过对发行者进行调研来分析,但是主流的研究倾向于通过理论模型和实证分析来探讨可转债融资问题。如 Casamatta(2003)分析了风险资本融资中投资者和企业家之间的双边道德风险问题,分析结果表明,相对于权益融资,向风险投资者发行可转换债券更有利于激励企业家提高努力水平。Isagawa(2000)论证了带有可赎回条款的可转债在抑制风险企业管理者机会主义行为方面的独特优势,即当管理者发生过度投资行为的时候,可转债持有人不会执行转股期权,而当债务过多导致管理者出现投资不足的时候,转换期权的发生可以减少公司的杠杆程度,进而缓解投资不足,因此设计得当的可转债有利于阻止管理者投资决策过程中的机会主义行为。Isagawa(2002a)分析了可转债在抑制风险企业管理者机会主义上的作用,结果表明,可转债能够通过动态调整企业资本结构来诱导管理者实施有价值的投资项目,降低投资决策过程中的机会主义行动,赋予持有人单边转换期权的可转债则能够在管理者投资决策后改变企业债务水平。此外,Isagawa(2002b)从管理者堑壕视角出发构建模型,揭示了为什么企业管理者会发行可赎回可转债,他认为可赎回可转债能够通过强制转换来调整企业债务水平,进而有利于降低企业破产或被敌意收购的威胁。随着最近几年我国可转债市场的快速发展,国内学者也开始探讨可转债融资引发的激励约束效应。何佳和夏晖(2005)认为,我国企业再融资中出现的一个重要问题就是企业将获得的资金转移用途,而且企业在融资前后业绩由好变坏的现象很普遍。从这一现实问题出发,他们构建可转债模型表明,由于当内部投资者将融获资金转移用途或企业业绩大幅下滑时,可转债投资者可以利用回售条款将可转债变成短期债务,使内部投资者无法从中获利。他们认为回售条款的存在将对内部投资者行为产生重要的约束作用,如果充分利用可转债的这一特性将能够解决我国企业再融资过程中存在普遍存在的转变资金用途和业绩变脸的问题,对我国再融资的发展是一个巨大的促进。徐细雄和万迪昉(2007)的研究表明,可转债激励契约中回售和赎回条款是实现管理者对企业价值增长分享激励与保障性收益两者之间均衡的主要原因。

(2) 与控制权相机配置机制相结合的可转债研究

事实上，将融资证券不仅仅当作一种现金流权利的配置工具，而且还充分考虑到其可以作为一种控制权动态配置的治理工具，正是基于不完全契约的证券设计研究与基于信息经济学的证券设计研究的区别之所在。很多学者在此方面完成了大量的研究工作，包括 Aghion 和 Bolton（1992）、Grossman 和 Hart（1988）、Hart 和 Moore（1990）等都为此做出了突出的贡献。Aghion 和 Bolton（1992）就主要探讨的是债权在配置控制权从而提高社会效率方面能够起到的作用。已有的基于不完全契约的证券设计研究的主要缺陷是对于衍生的复合型金融契约研究不够，Hart（2001）就曾指出可转债能够通过控制权配置起到积极的作用。Vauhkonen（2003）曾专门探讨了可转债作为一种特殊金融工具的作用，但是作为一个初始研究，显然还存在很多不足，需要进一步弥补，比如其就没有考虑到自然状态对收益的影响等问题。从不完全契约的视角，沿着前人的研究思路和研究框架，并结合基于信息不对称的部分研究成果开展研究，是目前我国理论界所面临的主要任务。以可转债融资契约作为研究对象，不仅能从理论上更加完善不完全金融契约领域的研究，而且也能够为我国这样一个信息严重不对称和股权高度集中的资本市场的规范发展提供更好的理论借鉴和现实指导，从而为我国资本市场的逐步完善和快速发展做出一定的贡献。总之，Grossman 和 Hart（1988）、Hart 和 Moore（1990）、Aghion 和 Bolton（1992）、Hart（2001）等研究虽然从不同角度研究了控制权配置与金融契约的关系，但是忽视了可转债作为一种特殊金融工具的作用，需要从理论上考虑可转债融资契约所能扮演的积极角色，特别是在同时考虑信息不对称和不完全契约情况下研究我国可转债融资契约的所能起到的作用。

虽然我国可转债融资的兴起只有短短几年时间，但是发展迅速。遗憾的是学术界尚未能从理论角度展开深入研究，上述国外的经典理论能否有效解释我国可转债发行与契约设计，还没有能够从实证上得到验证。而我国特殊的现实背景，处于转轨经济的我国资本市场以及我国特色的可转债融资契约的条款设计都需要被深入考察，以挖掘其对可转债融资的影响。因此，结合我国的现实背景，在国外已有理论的基础上，在不完全金融契约分析框架下设计适合中小企业的可转债契约，丰富已有的可转债融资理论并用于指导我国的可转债融资实践问题的研究值得继续深入开展。

2.5　已有研究述评及本章研究起点

本章对现有中小企业融资的相关研究进行了综述。首先，总结了国内外中小企业的融资难现状并分析了导致该现状的原因；其次，总结了中小企业创新与融资的关系，总结了中小企业创新投资特征和中小企业创新对融资产生的影响；再次，回顾了中小企业信息不对称和不完全契约的相关研究，从信息不对称与激励契约、中小企业融资中的不完全契约研究，以及中小企业与信息披露之间的关系等三个方面回顾了相关文献；最后，回顾了支持中小企业创新的融资契约的相关研究，总结了中小企业融资影响因素和传统的中小企业融资理论，同时对资产证券化和可转债等新兴中小企业融资方式的相关研究进行了总结和回顾。通过对中小企业融资相关研究的梳理，本章形成了清晰的研究框架和脉络，但是纵观目前的研究状况，仍然存在很多不足。

（1）目前针对中小企业融资难问题的研究，主要集中在对企业融资难的现象描述，以及不同成长阶段的中小企业更适合何种融资方式上，而鲜有学者从中小企业不同成长阶段的融资特征和需求方面去提出应该给不同阶段的企业提供何种融资契约。因此，从融资供应的角度，根据中小高科技企业不同成长阶段的融资特征和需求，设计并提供多种匹配中小高科技企业不同发展阶段的直接债务融资模式，通过构建合理的融资体系以支持企业技术创新，实现企业的成长壮大，将有效解决中小企业创新和成长过程中的融资难问题。

（2）目前资产证券化债务融资契约的缺陷主要在于金融中介和投资者之间的信息不对称导致的双方激励失衡。虽然不完全契约理论已经逐步应用到资产证券化契约的设计当中，但是目前关于资产证券化契约的理论研究却几乎没有涉及金融中介和投资者的博弈和激励问题，也未将资产证券化违约风险的长期动态化本质引入到最优激励契约的分析框架中来。因此，需要结合资产的动态特征，从不完全契约的角度设计合理的激励机制，实现金融中介和投资者之间的激励相容，使金融中介和投资者能够合理分担创新研发风险，激励金融中介付出更大的筛选努力来保证资产质量，做好投资者保护，提高初创期中小高科技企业的融资成功率。

（3）可转债契约附带的限制条款往往用以平衡企业和投资者之间的利益，激励企业家付出努力并保护投资者利益。实际上，可转债的这些条款被触发后将必然伴随产权的转移和利益的重新分配，而这些又是由控制权所决定。因此，在分析可转债的激励约束效应时，需要将可转债的具体条款与控制权的配置机制结合起来进行分析。然而，现有文献在研究可转债契约的激励约束作用时，往往将具体的可转债条款与控制权割裂开来分析，这显然并不符合可转债的基本特征和内在的控制权配置本质。而将可转债的限制条款与控制权相机配置机制有效结合起来，将更有利于达成效率，从而提升双方的合作水平，激励双方付出努力。

（4）信息披露对降低债务融资契约执行过程中的信息不对称以缓解中小企业债务融资约束而言至关重要。由于创新投入并非一次性投资过程，不同轮次和阶段的债务融资与研发项目进展密切相关。而在前人的研究中，虽然有学者验证了信息披露对于企业获取债务融资的重要性，但是却鲜有探究研发信息披露尤其是研发项目进展信息的披露与债务融资之间关系的研究。本书将通过经验研究的方式，检验研发信息披露会对中小高科技企业的债务融资产生何种影响，以为企业通过研发资产证券化和可转债契约实现融资提供证据支持和信息披露政策的建议。

第3章 初创期中小高科技企业的研发资产证券化债务融资契约理论研究

本章首先根据初创期中小高科技企业的特征（具有较高的违约率和破产等研发风险）和融资需求（保护投资者利益的需求），提出基于研发资产证券化的债务融资契约的研究思路；然后在研究思路基础上对本章研究内容进行安排；最后根据研究内容的安排，从企业家和金融中介之间、金融中介和投资者之间两个层面，分别引入再谈判机制和依资产违约状况支付报酬的动态激励方式，构建企业家与金融中介之间的博弈模型以及金融中介与投资者的激励契约模型，从而形成一个包含企业家、金融中介和投资者的研发资产证券化债务融资契约，分析债务再谈判机制对中小高科技企业家与金融中介行为选择的影响，使初创期中小高科技企业能够成功向金融中介申请到研发项目所需贷款，然后求解金融中介与投资者在签约前和履约过程中实现最优激励的解析解，即投资者向金融中介支付报酬的最优时间点和金额，防范金融中介与投资者在签约前的逆向选择并抑制金融中介履约过程中的道德风险。

3.1 研究思路和研究内容

3.1.1 研究思路

处于初创期的中小高科技企业由于其创新成效的不确定性往往面临更大风险，融资成本更高，故仅仅通过传统的股权融资（包括风险投资、做市商交易、定向增发和协议转让等）难以满足初创企业的融资需求，同时股权融资的门槛更高,于投资者而言风险也更大,因而发展替代性融资技术对中小高科技企业而言尤为关键(Jobst,2006)。研发资产证券化将缺乏流动性的研发资产纳入资产池,允许发行人将其中的信用风险转移出资产负债表以更好地降低成本和监管风险,因而已经成为提升中小高科技企业债务融资可得性最为有效的方式(Franke 和 Krahnen,2007)。研发资产证券化可形成一定规模的债券组合,融资成本较低且具有风险分化作用,因而比股权和银行借贷更容易吸引到投资者,特别是机构投资者(Fernandez 等,2012),这对缓解因信息不对称导致的逆向选择和道德风险问题而言至关重要。

研发资产证券化债务融资契约往往涉及中小高科技企业、金融中介和投资者的博弈和激励关系。初创期中小高科技企业的公司治理结构和信息披露制度尚不成熟,在资本市场通过研发资产证券化方式进行融资时,金融中介作为连接中小高科技企业和投资者桥梁,可利用其专业性以更低成本的方式获得企业研发资产质量的信息,因而相对投资者具有信息优势。虽然近年来有学者提出适合中小企业的资产证券化融资契约,但是包括 Malekan 和 Dionne (2014) 在内的研究均是基于传统的静态分析思路和风险自留机制进行分析,并未将企业家、金融中介和投资者在资产证券化债务融资过程中的博弈行为以及激励契约纳入到一个整体框架进行分析,也忽视了研发资产证券化债务融资契约中更为关键和迫切需要得到解决的金融中介和投资者之间的博弈和激励问题。这是因为在研发资产证券化的过程中,投资者无法观测到金融中介在筛选资产质量(资产违约概率)时所付出的努力水平,也就无法观察到所购买资产的质量(Parlour 和 Plantin,2008)。金融中介会利用其拥有的信息优势和专业性,在签约前通过隐匿资产质量信息采取逆向选择行为,将高质量资产纳入自留层而将低质量资产打包出售给投资者;而在履约过程中金融中介通过隐匿方式采取道德风险行为,在筛选资产时隐藏自身在筛选资产并构建资产池时所付出的努力水平。这种逆向选择和道德风险行为无疑将严重损害投资者的利益,进而阻碍投资者的资金经由金融中介流向初创期中小高科技企业研发活动的这一现金流向过程(Rajan 等,2010)。2007 年爆发的次贷危机充分暴露了资产证券化过程中隐藏的金融中介和投资者之间的风险分离。针对这一现象,政策制定者和有关学者均强调目前不对称的激励方式对这场违约危机负有重大责任(Donnelly 和 Embrechts,2010)。在现实中,高科技企业能否通过研发资产证券化债券成功融到资金,主要取决于金融中介所构建的这类债券是否能够吸引投资者并在资本市场上销售出去，从而实现投资者的资金经由金融中介流向初创期中小高科技企业研发活动的这一现金流向过程。而投资者除了向金融中介支付债券的票面价值以外，还要因无法获知研发资产证券化债券所依赖的研发资产的质量信息而向金融中介支付一定的报酬（Payment），激励金融中介付出足够的筛选努力水平以最大化投资者利益。因此，在设计符合初创期中小高科技企业创新成长特征和融资需求的研发资产证券化债务融资契约时，将企业家、金融中介和投资者均纳入分析框架中，针对研发资产证券化债务融资契约设计合理的激励机制，重点防范金融中介在签约前可能采取的逆向选择行为并抑制金融中介在履约过程中可能存在的道德风险行为，将是初创期中小高科技企业能否通过研发资产证券化债务融资契约实现成功融资，提高融资效率以支持企业创新的关键所在，也是促使金融中介在筛选和监管备选资产时付出高努力水平，以便更准确地筛选出优质企业，为这些优质高科技企业进入高速成长期时利用可转债实现融资做好准备的必要环节。因此，鉴于理论研究创新和现实需求，本章模型根据初创期中小高科技企业的融资特点，首先分析企业家和金融中介之间的债务再谈判对双方行为产生的影响，进而在金融中介和投资者之间的激励契约设计上，将重点放在金融中介和投资者的风险共担以及投资者保护机制的设计方面，通过引入依债券违约状况支付报酬的动态激励方式，解决金融中介和投资者之间因企业研发资产信息不对称引起的逆向选择和道德风险，实现金融中介和投资者的风险共担，确保金融中介在筛选资产过程中付出的高努力水平来甄别出优质企业，为企业进入高速成长期后通过可转债融资做好前期准备。

3.1.2 研究内容

传统的资产证券化契约在分析时往往存在以下问题：首先，忽视了企业作为融资方在整个资产证券化契约中的重要作用，过于注重金融中介和投资者之间的博弈关系（Malekan 和 Dionne，2014）；其次，传统的资产证券化契约更多的是研究资产证券化发起人的道德风险问题（DeMarzo，2005），而忽视了因信息不对称所引起的金融中介的逆向选择问题该如何解决；最后，未考虑不同违约率资产的违约情况会引起证券化资产池的变动和调整（Malamud 等，2013），依然没有摆脱传统静态最优契约设计的理论基础。本章模型将针对上述问题进行研究内容上的安排，具体如下：

第一，引入债务再谈判机制，构建企业家和金融中介之间的博弈模型，求解无债务再谈判时企业家与金融中介签订的契约和有债务再谈判时企业家采取违约行为的概率及金融中介采取强制破产行为的概率，解决企业和金融中介之间的激励相容问题。

第二，在金融中介和投资者的博弈中，引入依债券违约率支付报酬的动态激励方式，将签约前的逆向选择和履约过程中的道德风险问题同时纳入金融中介和投资者之间的债务融资契约模型分析中，求解提高金融中介筛选研发资产努力水平的最优支付方式。为此，设定更符合研发资产证券化债务融资契约的现实背景，将投资者向金融中介支付报酬的时间点与债券的违约状况关联，并改变金融中介所获报酬金额的计算方式，将投资者支付给金融中介的报酬金额与资产的违约状况进行关联，形成事后支付机制，即投资者根据持有债券一段时间后的违约状况来确定何时支付以及支付多少报酬。

3.2 企业与金融中介之间的债务契约

3.2.1 基本假定

假定市场中有一个风险中性的大型创新投资基金（即金融中介），同时有 N 家处于初创期的高科技公司。这些公司均处于初创期，企业家自身均无流动资金支持创新研发项目，但是这些企业家分别拥有总价值为 $M_i (i=1,2,3,\ldots,N)$ 的可抵押财富，包括非流动资产（如专利和设备等）或者研发项目之外的未来收入。为了支持研发项目，企业家将全部财富 M_i 或者其中的任何一部分财富 L_i 作为抵押，向大型基金申请贷款 I_i，贷款的利率为 τ_i。初创期中小高科技企业的创新研发项目具有较大不确定性，主要表现为研发项目具有较高的失败率，本章假定企业研发项目的成功概率为 p_i，失败的概率为 $1-p_i$，成功（失败）之后可获得 $G_{si}(G_{fi})$ 的收益，且满足 $G_{si} \geq G_{fi} > 0$，即项目成功时获得的收益远大于项目失败的收益。研发项目收益不足以让企业家偿付债务时，则发生违约。另一方面，当项目成功时，企业家拥有项目收益的私人信息，可能隐瞒真实收益而故意违约，因此假定企业家故意违约的概率为 $0 \leq d_i \leq 1$；在债务发生违约时，假定金融中介也可以采取混合策略决定项目是否破产，设定破产概率为 $0 \leq b_i \leq 1$。与 Diamond（1984）的假定类似，企业家（债务人）与金融中介（债权人）之间存在信息不对称，企业家可以零成本观察到项目的收益情况，而金融中介只有在项目控制权发生有成本的转移并且接管项目之后才能获知收益信息[1]，且假定模型中企业家和金融中介之间信息不对称的唯一来源是企业家关于研发项目的收益情况。由于项目控制权发生转移将会发生一定的成本，因此假定金融中介关于该项目收益的净值为 $\alpha_i G_i$，$0 < \alpha_i < 1$；转移控制权所发生的成本为 $(1 - \alpha_i) G_i$。由于企业家（债务人）和金融中介（债权人）对 L_i 的估值并不一致，拥有或者清算 L_i 往往会产生交易成本，假定金融中介清算抵押物之后得到的净值为 $\beta_i L_i$，则交易成本为 $(1 - \beta_i) L_i$，$0 < \beta_i < 1$。

3.2.2 模型分析及命题提出

（1）模型分析

根据上述假定条件，在研发项目发生违约时，要想实现激励相容，只有当没收企业家抵押物的预期价值超过投资成本，金融中介才有动力贷款给初创期中小高科技企业以支持企业的创新研发活动，因为此时金融中介可以在项目违约时通过没收抵押物来保证从该贷款所获取的预期收益为正。也即，只有当：

$$\alpha_i [p_i G_{si} + (1 - p_i) G_{fi}] > I_i \tag{3-1}$$

成立时，金融中介才会贷款，该债务融资契约才能成立。

假定金融中介只有在该债务契约的利息收益 τ_i 超过 G_{fi} 时才能保证不赔不赚。于企业家而言，因为其拥有项目产出的私人信息，当产出为 G_{fi} 时必须有契约化的激励促使他偿付利息，这种激励可通过赋予金融中介在企业家违约时拥有处置企业家抵押资产的权利来实现。项目失败，企业家将支付 G_{fi} 并且损失项目之外的抵押物价值 $L_i \leq M_i$，只要满足激励约束条件 $\tau_i \leq L_i + G_{fi}$，则企业家最好是支付利息而非违约。当然，一般而言，只有当 M_i 足够大时上述激励才有效。本模型的研究重点在于当金融中介无法通过处置企业家项目之外的抵押物而激励其偿付债务时应该用何种解决方案，由于清算研发项目的资产将会导致事后的无效率，此时再谈判就显得非常关键。因此，本章假定：

---

[1] 这是因为企业家更有能力完成项目，或者金融中介对项目的监督和清算需要花费成本。

$$I_i > M_i + G_{fi} \tag{3-2}$$

在（3-2）的条件下，当研发项目失败时，即使金融中介没收企业家的全部抵押资产，仍然无法覆盖该项目的投资额 I_i。因此，该债务契约必须符合 $\tau_i \geq I_i > M_i + G_{fi}$。此时以企业家资产作为担保并不能激励其偿付债务，因为企业家宁愿支付 G_{fi} 并且放弃其总价值为 M_i 的抵押物而不是支付利息 τ_i。

总之，在初创期中小高科技企业的研发资产证券化债务融资契约中，作为该契约的一部分，企业家与金融中介之间的契约 $\Gamma_{E,F} = (\tau_i, L_i)$ 规定企业家需定期支付利息 τ_i，而当企业家无法履约时，金融中介有权接管价值为 $L_i \leq M_i$ 的抵押物。该契约采用破产威胁来促使企业家在金融中介无法观测到项目产出信息时仍然支付利息。但是这种威胁会将会导致无谓的损失 $(1-\alpha_i)G_{fi} + (1-\beta_i)L_i$。因此金融中介希望在 $\Gamma_{E,F} = (\tau_i, L_i)$ 的基础上进行再谈判，并且在企业家宣布项目失败时免除部分债务。如果项目真的失败，金融中介将会采用不许讨价还价的契约 $\Delta = (G_{fi}, L_i)$ 来实现收益最大化，即要么按照失败时的收益免除企业家的债务至 G_{fi}，要么金融中介没收企业家的抵押物。企业家接受这一再谈判契约将不至于使自己的处境更糟糕，因为原始契约允许金融中介获取该项目所有权以及企业家的抵押物 L_i，而再谈判契约则可避免项目所有权的无效配置。

（2）博弈树分析

将企业家和金融中介在各个时点和各种情形下的再谈判博弈过程及双方的收益情况如图 3-1 所示。

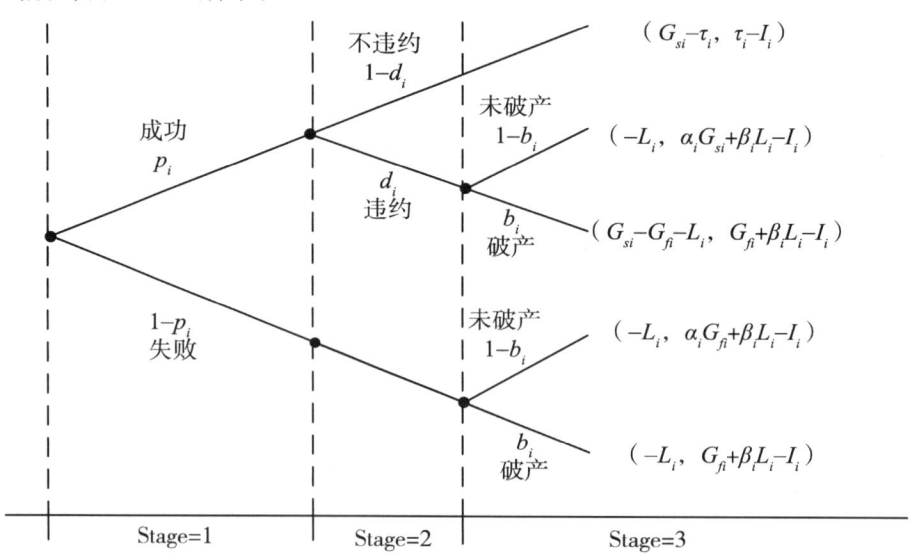

图 3-1 企业家与金融中介再谈判博弈树

图 3-1 中括号内的收益按照（企业家收益，金融中介收益）进行设置。在整个博弈过程中，假定企业家和金融中介双方均可采用混合策略。需要强调的是，企业家和金融中介存在信息不对称，企业家可以观察到项目的收益情况，而金融中介对收益是未知的。这个前提条件构成了后续博弈分析的基础。

①企业家和金融中介签订债务融资契约后，在第一阶段，项目成功的概率为 p_i，收益为 G_{si}；项目失败概率为 $1-p_i$，收益为 G_{fi}。企业家此时可以观察到项目的收益情况，而金融中介则对收益一无所知。

②项目收益实现之后，进入第二阶段。此时只有当 $G_{si} > \tau_i \geqslant G_{fi}$ 时，企业家可以支付贷款利息 τ_i。因此当项目失败且收益为 G_{fi} 时，企业家会因无法偿付债务而不得不违约；而在项目成功时，企业家可以选择偿债，也可以声称项目失败并且违约，因为金融中介并不知项目的真实收益情况。假定企业家可能采取混合策略，即他可能在项目成功时以 $0 \leqslant d_i < 1$ 的概率采取违约行为，而以 $1-d_i$ 的概率支付利息 τ_i。若企业家不违约，则成功时企业家和金融中介的收益分别为 $G_{si} - \tau_i$ 和 $\tau_i - I_i$。

③在第三阶段，金融中介可以根据第二阶段中企业家的违约情况强制项目破产或者为企业家提供一份再谈判的新合约 $\Delta = (G_{fi}, L_i)$。金融中介在企业家违约后接管该项目，根据再谈判契约，若金融中介选择让项目破产并清算，则企业家和金融中介收益分别为 $-L_i$ 和 $\alpha_i G_{si} + \beta_i L_i - I_i$；若不让项目破产，则企业家和金融中介收益分别为 $G_{si} - G_{fi} - L_i$ 和 $G_{fi} + \beta_i L_i - I_i$。

④项目若失败，则违约一定发生。此时根据再谈判合约 $\Delta = (G_{fi}, L_i)$，若金融中介选择让项目破产并清算，则企业家和金融中介收益分别为 $-L_i$ 和 $\alpha_i G_{fi} + \beta_i L_i - I_i$；若不让项目破产，则企业家和金融中介收益分别为 $-L_i$ 和 $G_{fi} + \beta_i L_i - I_i$。

（3）企业家和金融中介不进行再谈判时的最优债务融资契约

在进入再谈判契约的分析之前，本章先分析不进行再谈判的债务融资契约问题。由于无再谈判条款，债务发生违约时，金融中介的权利是确定的，即在发生违约时将直接按破产规则处理，$b_i = 1$。但时金融中介又无法以一种可以契约化的特定概率去强制执行破产程序。由于双方采取的策略的不确定性，本章假定博弈双方的任意策略均不可证实，所以随机的项目产出也就无法契约化，企业家和金融中介所签订的初始契约也就是一份不完全契约。不存在再谈判时，金融中介有权在发生违约时行使权利没收企业家所抵押的资产，而企业家此时

的策略是只要 $G_{si} > \tau_i$，则最好履行偿债义务。因此，在债务发生违约时金融中介承诺不会免除企业家的任何一部分债务，将是促使企业家如实报告研发项目收益情况的一种有力的强制执行机制。但是，这种强制企业家如实报告收益的行为，需要花费成本。由于项目存在失败的可能性，因此项目控制权有 $1-p_i$ 的概率不会配置给企业家。这种情况下的最优债务契约如命题1：

命题1：无再谈判条款时，金融中介不免除企业家的任何债务，即 $b_i = 1$，企业家与金融中介可签订的债务融资契约为 $\Gamma^* = (\tau_i^*, L_i^*) = \left(\dfrac{I_i - \alpha_i(1-p_i)G_{fi}}{p_i}, 0 \right)$。

证明：在债务契约 $\Gamma^* = (\tau_i^*, L_i^*)$ 中，企业家期望收益的最大化，至少要保证金融中介不赔不赚，实现激励相容。即需要满足：

$$p_i \tau_i^* + (1-p_i)\alpha_i G_{fi} = I_i \tag{3-3}$$

联合并整理（3-1）和（3-3）可得到：

$$G_{si} > \frac{I_i - \alpha_i(1-p_i)G_{fi}}{\alpha_i p_i} > \tau_i^* = \frac{I_i - \alpha_i(1-p_i)G_{fi}}{p_i} \tag{3-4}$$

为了获得更大收益，$\Gamma^* = (\tau_i^*, L_i^*)$ 中企业家在第二阶段的最优策略即选择 $d_i^* = 0$，只有选择如实报告研发项目的真实收益，企业家才能在支付利息之后获得剩余。因此，结合（3-1）式，可知在 $\Gamma^* = (\tau_i^*, L_i^*)$ 中企业家的期望收益为：

$$p_i(G_{si} - \tau_i^*) = p_i G_{si} + (1-p_i)\alpha_i G_{fi} - I_i > 0 \tag{3-5}$$

接下来考虑任何可能给企业家带来正收益的其他契约 $\Gamma = (\tau_i, L_i)$。同样的，$G_{si} > \tau_i$ 意味着 $d_i = 0$。因此金融中介不赔不赚需要满足：

$$p_i \tau_i + (1-p_i)(\alpha_i G_{fi} + \beta_i L_i) = I_i \tag{3-6}$$

根据上式，契约 $\Gamma = (\tau_i, L_i)$ 中企业家的收益为：

$$p_i(G_{si} - \tau_i) - (1-p_i)L_i = p_i G_{si} + (1-p_i)[\alpha_i G_{fi} - (1-\beta_i)L_i] - I_i$$
$$< p_i(G_{si} - \tau_i^*) \tag{3-7}$$

（3-7）式说明任何 $L_i > 0$ 的契约 $\Gamma = (\tau_i, L_i)$ 均是次优的。因此，在均衡状态下，不进行再谈判时，企业家可与金融中介签订的贷款为 $\Gamma^* = (\tau_i^*, L_i^*)$。

Q. E. D.

需要说明的是，如果破产只是单纯的作为项目失败的处理结果，则企业家的抵押物并不能提高融资效率。因为即使项目成功，企业家也有可能因故意违约而导致金融中介进行破产清算，这个时候将会增加因企业控制权变动而带来的无谓成本。要使企业家的抵押物在契约中生效以激励其如实报告项目收益，则需要抵押物能够对破产的均衡概率产生影响。而引入债务的再谈判机制，将能够通过对抵押物的处置来限制企业家违约的行为，进而激励金融中介减少采取破产清算行为。

（4）企业家和金融中介再谈判时的债务融资契约

根据本模型的信息不对称设定，在图 3-1 的博弈中，当违约发生时，金融中介仍不知项目产出。根据贝叶斯规则，项目收益 G_{si} 已经实现时，该收益的后验概率为：

$$\pi(d_i) = \frac{p_i d_i}{p_i d_i + 1 - p_i} \tag{3-8}$$

企业家的违约概率 d_i 内生性地取决于其优化行为，而在均衡状态下，金融中介会形成一个理性预期，即在观察到违约之后，金融中介将会知道该研发项目会有 $\pi(d_i)$ 的概率实现 G_{si} 的收益，而有 $1-\pi(d_i)$ 的概率实现 G_{fi} 的收益。

令 $G_{fi} + M_i < \tau_i < G_{si}$。不等式左边成立，是因为当 $G_{fi} + M_i \geq \tau_i$ 时，根据（3-2）式，金融中介无法实现不赔不赚，企业家将无法获得贷款。而不等式右边成立，是因为 $\tau_i < G_{si}$ 保证了企业家有动力去如实报告项目收益。当企业家为了避免破产清算而选择不违约，根据贝叶斯定理，金融中介会推定当自身观察到发生违约时项目已经失败。然而，给定这样的信息条件，在契约 $\Gamma = (\tau_i, L_i)$ 的基础上进行再谈判获得的收益要高于 $(1-\alpha_i)G_{fi}$，此时强制破产反而是次优的。

假定金融中介最后愿意进行再谈判，在博弈的最后阶段选择契约 $\Delta = (G_{fi}, L_i)$，企业家将会在 $G_{si} - \tau_i < G_{si} - G_{fi} - L_i$ 时选择违约，即 $d_i = 1$，代入后验概率公式计算得到 $\pi(d_i) = \pi(1) = p_i$，此时金融中介更愿意清算项目以获得收益 G_{fi}，因为根据（3-1）和（3-2）存在 $\alpha_i[p_i G_{si} + (1-p_i)G_{fi}] > G_{fi}$，这也就意味着金融中介的最优策略是执行破产清算，即 $b_i = 1$，从而否定了企业家期望的 $b_i = 0$。如此，$0 < b_i < 1$ 也就成了均衡中的剩余选项。相应地，金融中介也就对强制破产或者再谈判契约不感兴趣。于是，存在：

$$\alpha_i[\pi(d_i)G_{si} + (1-\pi(d_i))G_{fi}] = G_{fi} \tag{3-9}$$

在上述均衡式中，企业家对金融中介的行为会产生一个理性预期。因此，企业家从违约中可获得的预期收益为 $(1-b_i)(G_{si} - G_{fi}) - L_i$，虽然他失去了抵押物 L_i，但是他将有 $(1-b_i)$ 的概率通过偿付再谈判后的债务 G_{fi} 来保留公司的所有权。与（3-9）式的分析一样，$0 < d_i < 1$ 为均衡中的剩余选项，企业家在

观察到 $G_i = G_{fi}$ 后的行为也将随机化，于他而言，采取违约行为还是偿付债务并没有差别，于是得到：

$$G_{si} - \tau_i = (1 - b_i)(G_{si} - G_{fi}) - L_i \tag{3-10}$$

联立（3-9）和（3-10），解得 d_i 和 b_i。于是得到命题 2：

命题 2：企业家利用可再谈判的债务融资契约进行融资且满足 $G_{fi} + M_i < \tau_i < G_{si}$ 时，则在后续博弈中企业家采取违约行为的概率 $d_i^* = \dfrac{(1-p_i)(1-\alpha_i)G_{fi}}{p_i(\alpha_i G_{si} - G_{fi})}$，金融中介采取强制破产的概率为 $b_i^* = \dfrac{\tau_i - G_{fi} - L_i}{G_{si} - G_{fi}}$。

命题 2 中的混合策略可以视为对两个相互关心对手行为的博弈者的描述：金融中介认为企业家会以 d_i^* 的概率拒绝偿债；而企业家则认为金融中介会以 b_i^* 的概率强制执行破产清算。命题 2 阐释了为什么在缺乏事先承诺时，需要在债务融资契约中包含担保需求，正是因为存在一定的违约和破产行为，需要通过企业家提供担保来保证债务融资契约的有效执行。同时，从 d_i^* 和 b_i^* 的表达式来看，当项目成功时所获收益远大于失败时所获收益，或者成功概率非常高时，企业家采取违约行为的概率和金融中介采取强制破产行为的概率均接近于 0。而这与初创期中小高科技企业研发项目的特征和文中的基本假定 $G_{si} \geq G_{fi} > 0$ 相吻合，因为研发项目在成功时获得的收益往往要远高于失败时收益，而当项目前景很好，成功概率很高时，企业家实汇报项目收益将获得支付利息之后的所有剩余价值，而金融中介不采取强制破产，则可以顺利获得本金。

3.3　金融中介与投资者之间的债务契约

上文分析了研发资产证券化债务融资契约中企业家和金融中介之间的博弈问题，分别论证了不存在再谈判和存在再谈判时，企业家应该与金融中介签订怎样的贷款筹集到研发项目所需资金，也即命题 1 和 2 中所描述的契约。金融中介向企业发放贷款，自然就需要从市场筹集资金以供发放贷款。考虑到金融中介需要将多家高科技初创企业的贷款进行打包之后向投资者发售不同等级的债券以筹集向企业发放贷款所需要的资金,而在这个打包发售的过程中会因为金融中介和投资者之间的信息不对称而存在逆向选择和道德风险,降低融资效率。因此,需要设计一份能够实现金融中介和投资者的激励相容的债务融资契约,提高金融中介筛选资产的努力水平,提高投资者的投资积极性,保证有足够资金从投资者流向金融中介,金融中介才有足够资金借贷给企业以支持其研发活动。接下来本章将进一步构建金融中介和投资者的激励契约模型,分析依债券违约状况支付报酬的动态激励方式在提高金融中介努力和投资者投资积极性方面的积极作用,进一步说明应该设计何种契约来激励投资者的投资积极性。

3.3.1 基本假定

金融中介以上文初创期中小高科技企业的抵押贷款为基础构建抵押贷款资产池,设计不同等级的资产证券化债券,并将这些不同等级债券出售给投资者,并由投资者根据违约状况支付一定的报酬给金融中介,以补偿其因筛选资产所付出的努力。假定金融中介资产池中的资产数量 N 足够大以便于通过多元化的方式降低特定风险。金融中介的贴现率为 γ,投资者贴现率为 r,且 $\gamma > r$[①]。假定金融中介在构建资产池时需要对研发资产质量(由违约率体现)进行筛选并发放贷款,付出的努力水平为 $e \in \{e_H, e_L\}$,其中 e_H 和 e_L 分别表示高低两种努力水平,且努力成本为 $C = ce^2$,该努力水平对于投资者而言是隐藏且不可契约化的。贷款的息票利率为 u,一旦研发进展不顺即有可能无法产生足够现金流而发生违约。假定资产违约(即无法产生足够现金流支付贷款本息)概率 $\lambda \in \{\lambda_H, \lambda_L\}$ 服从随机指数分布,λ_H 和 λ_L 分别表示高低两种违约概率,该概率与金融中介的筛选努力水平相关但是相互独立的。发生违约时贷款的回收率为 R 且 $0 \leqslant R < u/r$[②]。为了简化分析起见,模型中假定低努力程度会导致抵押贷款的高违约率,即 $e = e_L$ 时 $\lambda = \lambda_H$;而高努力可以降低违约概率,即当 $e = e_H$ 时 $\lambda = \lambda_L$,且

[①] DeMarzo 和 Duffie(1999)指出,资产证券化需要有稳定的现金流用以支付投资者,因此金融中介比投资者更偏好现金或其他额外投资机会,这样就需要更高的风险补偿,从而贴现率也较高,因此有 $\gamma > r$,这种设定常见于研究动态最优契约的文献中,如 DeMarzo 和 Sannikov(2006)和 Malamud 等(2013)。

[②] 投资者作为不同等级的证券化债券持有人,在债券对应的资产发生违约时,将会按照不同等级的偿还优先度顺序行使索取权,而违约发生的前提则是资产池中产生的现金流无法按时按量偿还大型基金的贷款本息,投资者只能按一定比例回收贷款本金,因此回收率必然大于等于零而小于投资者应得的收益,即 $0 \leqslant R < u/r$。

有 $\lambda_H > \lambda_L > 0$。假定该契约是由投资者向金融中介支付的报酬所构成的集合（简称支付集），支付集中的各个元素（即报酬金额）的值取决于违约情况。特别地，令 D_t 表示在时间点 t 已发生的总违约数量，F_t 表示由 D_t 产生的筛选集（Filtration）。假定第 n 次违约的停时（Stopping Time）信息集为 $\tau_n = \inf\{t > 0: D_t \geq n\}$，其中 $n \geq 0$，$\tau_0 = 0$，表明该研发资产证券化契约实际上是投资者依据金融中介的违约状况向金融中介支付报酬的机制。假定契约存续期为 T 且 $\tau_n \leq T$。用 X_t 表示投资者在时间 t 向金融中介的累积报酬金额，则 dX_t 表示投资者在时刻 t 给予金融中介的即时报酬金额。假定该契约中金融中介的有限责任约束（Limited Liability Constraint）$dX_t \geq 0$ 且绝对可积①，则给定契约 X_t 和努力水平 e，金融中介的收益函数 U_S 可按照 Stieltjes 积分②规划为：

$$U_S = E\left[\int_0^\infty e^{-\gamma t} dX_t \mid e\right] - ce^2 \qquad (3-11)$$

3.3.2 模型分析及命题提出

（1）分析基准

在（3-11）模型中，最优规划问题可理解为激励金融中介付出高筛选努力水平的同时保证投资者收益的最大化，也即实现激励相容。因此，投资者的问题在于在最优契约形式下，投资者能够激励金融中介付出高筛选努力并承诺给予其一定水平效用，同时也能实现自身利益最大化，或者在给定金融中介一个固定效用时能将成本最小化。由于投资者能够从证券化产品中获取的收益基本固定，因此最优契约应使得投资者以最小的激励成本 W（也即给予金融中介的累积报酬）获取固定收益的同时，满足金融中介的最低保留效用 a_0 并激励其付出高筛选努力水平，即最优契约应该满足如下条件：

$$W(a_0) = \min_{X_t}\left[\int_0^\infty e^{-rt} dX_t \mid e_H\right] \qquad (3-12)$$

其中，有限责任约束（LL）为：$dX_t \geq 0$ （3-13）

激励相容约束（IC）为：

---

① 有限责任约束确保金融中介得到的收益不为负，且收益随时间可累计，以此激励金融中介付出努力。
② Stieltjes 积分可看作任意被积函数为 g 的积分，其中 $\int g(t) dX_t = \int g(t) x(t) dt$，$x(t)$ 是时刻 t 时 $X(t)$ 的改变量。该函数的具体意义参照 Carter 和 Van Brunt (2000)。

$$E\left[\int_0^\infty e^{-\gamma t}dX_t \mid e_L\right] - ce_L^2 \leq E\left[\int_0^\infty e^{-\gamma t}dX_t \mid e_H\right] - ce_H^2 \qquad (3-14)$$

参与约束为（PC）为：

$$a_0 \leq E\left[\int_0^\infty e^{-\gamma t}dX_t \mid e_H\right] - ce_H^2 \qquad (3-15)$$

本章的最优债务融资契约要想实现最优激励效果，需基于（3-12）式到（3-15）式进行分析。LL条件说明，在任意自然状态和任意时刻，投资者给予金融中介的报酬必须不小于0，如此投资者才能激励金融中介去付出努力筛选资产；IC条件说明，只有当金融中介付出高的筛选努力时获得的报酬高于低筛选努力时得到的报酬，金融中介才有动力为了获得更高的收益而付出高努力水平去甄别备选资产的质量信息，从而根据投资组合的需要挑选合适的资产并纳入到资产池中；PC条件则说明，要使金融中介在筛选资产时付出高努力，则要确保在高努力水平下其收益不低于保留效用，这样金融中介才有意愿参与缔约。另外，尽管IC和PC条件均只有一个，但是却有无限多个LL条件成立，因为对于任意自然状态下的任意时刻均存在一个这样的条件。

分析上述最优规划问题的关键在于：一方面，由于金融中介更偏好现金或者其他投资机会，因而贴现率或者风险补偿也更高（DeMarzo和Duffie，1999），而投资者和金融中介的贴现率之间的差异值 $\gamma - r$ 越大，则贴现到期时间越往后，金融中介要求的风险补偿也会随之提高，这最终反映为投资者的高额报酬，因此，投资者希望尽早给予金融中介报酬，以节省成本；另一方面，IC和LL条件之间的相互作用产生了某种可能导致投资者延迟给予金融中介报酬的信息质量的价值。这是因为，IC条件实际上意味着高产出时给予金融中介的报酬和低产出时给予金融中介的报酬之间的差距要足够大，以激励中介付出更大的努力；而LL表明当产出较低时过于严厉的惩罚可能会导致金融中介的效用为负，无法激励其付出努力。因此，如果一份给定的契约在早期即充满噪声，则LL条件表明满足IC条件的唯一途径即在高产出的条件下给予金融中介一个高额的报酬，这对投资者而言将是昂贵的，因为这可能会导致给与金融中介的过度补偿。由于存在学习效应，投资者对证券产品和资产质量信息（如证券化产品的历史违约记录）的了解会更多，此时信息质量会随着时间提高，投资者可能要求延期支付报酬，以降低给金融中介的期望。因此，本模型与以往的资产证券化激励契约有所不同，关注于解决投资者向金融中介支付报酬的时机和信息不对称中的信息质量问题。下面所进行的分析，均基于这一收益函数和约束条件进行推导和证明得到结论。

另外需要说明的是,上述最优规划问题与在投资者报酬金额固定的前提下最大化金融中介的效用问题是一致的,因此在分析中也可以固定投资者支付的累积报酬金额 W_T,然后找到能够最大化金融中介初始效用 a_0 的激励契约。但是考虑到本书研究的背景和侧重点主要是重新设计投资者和金融中介的风险分担机制,强调投资者保护机制,同时解决逆向选择和道德风险问题,从而提高研发资产证券化债券的市场活跃度和融资效率的目的,因此,本模型的最优规划函数依然是以投资者效用函数作为分析基准。

(2) 金融中介与投资者签约前的逆向选择问题分析

初创期中小高科技企业具有信息高度不对称的特征,而相对于更加专业的金融中介来说,投资者对企业研发资产的质量信息是处于劣势的。在金融中介和投资者签约前,如果金融中介对资产池中的部分或者全部资产质量知情①,而投资者并不知情,则金融中介有可能保留高质量资产而将低质量资产打包出售给投资者,因而产生逆向选择问题(Akerlof,1970),形成一个"柠檬市场"(Lemons Market),进而导致资产证券化产品的交易萎缩,最终不利于资本市场的发展。因此,需要在投资者与金融中介签约前就设计合理的激励机制,防范逆向选择问题。本章借鉴 DeMarzo(2005)的设定方式,假定金融中介将具有固定违约概率的研发资产进行资产证券化后,出售给二级市场的投资者,如果以金融中介在面对不同质量(即资产违约率)资产时所选择的契约(即分离均衡)视为金融中介私有信息的一种信号,那么要解决逆向选择问题,其实就是让金融中介选择最有效率的信号向投资者进行释放。

①分离均衡。在资产证券化契约设计的标准逆向选择模型中,各资产的违约概率是给定的,即本书中的金融中介拥有所出售资产的私有信息。根据本章模型的假定,资产池中有 N 项资产,这些资产风险有高有低,其他资产特征与模型设定一致。为了解决逆向选择问题,就需要得到一个分离均衡解,即用 $X^H(X^L)$ 表示金融中介所选择的以高(低)违约率资产为标的的研发资产证券化契约,可利用不同契约的选择来释放资产质量的信号,投资者可以根据这些信号来做出投资决策。在分离均衡解中,金融中介选择上述两种契约均可以释

---

① 金融中介对资产质量知情也并非不可能,比如金融中介在本次构建资产池之前的投资记录中,已经对池中资产质量有了深度了解,这样在构建新资产池时,则完全有可能将之前投资过的高科技企业重新纳入新建资产池中。

放资产池资产质量的信号。为此,给出如下关于分离均衡的定义。

定义 1:当 X^H 满足 $X^H \in \arg\max\limits_{X \in \{X^H, X^L\}} E\left[\int_0^\infty e^{-\gamma t} dX_t \mid \lambda_H\right]$ 时,金融中介选择契约 X^H。

定义 2:当 X^L 满足 $X^L \in \arg\max\limits_{X \in \{X^H, X^L\}} E\left[\int_0^\infty e^{-\gamma t} dX_t \mid \lambda_L\right]$ 时,金融中介选择契约 X^L。

单个资产的违约概率为 λ,那么单项资产的期望收益率为 $u + R\lambda$,以投资者贴现率将 t 时刻资产所产生收益即现金流贴现到缔约初期,则池中资产所产生现金流的现值为 $\dfrac{u + R\lambda}{r + \lambda}$。那么,资产池中 N 项资产的贴现值则为 $\dfrac{N(u + R\lambda)}{r + \lambda}$。要保证投资者的收益不小于支付给金融中介的报酬(该报酬金额按投资者贴现率计算),投资者有盈利,契约实现激励相容,因此有定义 3:

定义 3:$E\left[\int_0^\infty e^{-rt} dX_t \mid \lambda_H\right] \leqslant \dfrac{N(u + R\lambda_H)}{r + \lambda_H}$,且 $E\left[\int_0^\infty e^{-rt} dX_t \mid \lambda_L\right] \leqslant \dfrac{N(u + R\lambda_L)}{r + \lambda_L}$。

定义 4:由于研发资产证券化中金融中介收益即投资者所支付的累计报酬,因此以 $t = 0$ 作为起点并贴现,对 dX_t^H 作如下定义:

$$dX_t^H = \begin{cases} \dfrac{N(u + R\lambda_H)}{r + \lambda_H}, & if\ t = 0 \\ 0, & if\ t \neq 0 \end{cases} \quad (3-16)$$

上述定义中,定义 1 和 2 保证金融中介根据资产质量选择不同的契约时,其获得的报酬能够最大化;而定义 3 保证池中资产现金流不小于给予金融中介的报酬,保证投资者有收益;定义 4 则保证投资者能够事先根据前期累计违约情况支付金融中介报酬,让金融中介得到保障,由此达到对双方的激励。这种分离均衡确保金融中介选择的契约收益率与资产违约率挂钩,而选择行为所传递的信息能够使得投资者不遭受损失。当然,投资者希望资产池中的资产质量较好,具有较低违约率,而金融中介能够付出足够的努力水平去筛选质量好的资产进入资产池中。

根据上述分析,我们可以寻找一个最低成本分离均衡①,即让金融中介根据

---

① 这里提到最低成本分离均衡是与前文的最小化投资者支付紧密相关的。可以这么说,该模型可以从两方面去理解:对投资者而言,需要使其支付给金融中介的报酬最小化;对于金融中介而言,需要最大化其从投资者处所得到的报酬。因此,这里的最低成本分离均衡,是从投资者角度而言,符合本章的出发点,即强调投资者保护机制,也符合研发资产证券化逆向选择问题的角色设定。

资产的风险水平选择对应的契约，在满足定义3且金融中介只有低违约率 λ_L 的抵押资产时，最大化金融中介所得。那么，前文的最优化问题可以改写为：

$$W(a_0) = \max_{X_t} E\left[\int_0^\infty e^{-\gamma t} dX_t \mid \lambda_L\right] \tag{3-17}$$

上式中的 X_t 使得如下两式成立：

$$E\left[\int_0^\infty e^{-\gamma t} dX_t \mid \lambda_H\right] \leqslant \frac{N(u + R\lambda_H)}{r + \lambda_H} \tag{3-18}$$

$$E\left[\int_0^\infty e^{-rt} dX_t \mid \lambda_L\right] = \frac{N(u + R\lambda_L)}{r + \lambda_L} \tag{3-19}$$

（3-17）中的 W_0 为金融中介的保留效用。由于（3-17）等同于前文的最优化问题，只是现在是从金融中介的分离均衡角度去分析，因此前文最优化问题的解应等同于（3-17）式的解；（3-18）式说明给定高违约概率资产，金融中介获得的报酬（按金融中介的贴现率进行计算）要小于池中资产的贴现值，这样投资者有正的收益，满足定义3中的条件限制；（3-19）式说明给定低违约率资产，投资者支付给金融中介的报酬要满足投资者的参与约束。为此，得到命题3：

命题3：给定高违约率资产，则金融中介获得的累积报酬贴现值为：$W_0^H = \frac{N(u + R\lambda_H)}{r + \lambda_H}$。反之，有 $W_0^L = \max\left\{\left[\frac{N(u + R\lambda_L)}{W_0^H(r + \lambda_L)}\right]^{\frac{N(\lambda_H - \lambda_L)}{\gamma - r + N(\lambda_H - \lambda_L)}}, \frac{\gamma - r}{\gamma - r - N(\lambda_H - \lambda_L)}\right\} W_0^H$。金融中介的分离均衡解为：$dX_t^H = \begin{cases} W_0^H, & if\ t = 0 \\ 0, & if\ t > 0 \end{cases}$，$dX_t^L = \begin{cases} 0, & if\ t \neq t_0 \\ 1_{(\tau_1 > t_0)} \cdot y_0, & if\ t = t_0 \end{cases}$。其中投资者支付报酬的最优时间点 $t_0 = \frac{1}{N(\lambda_H - \lambda_L)} \ln\left(\frac{W_0^L}{W_0^H}\right)$，支付的即时报酬金额为 $y_0 = e^{(\gamma + N\lambda_L)t_0} W_0^L$。

证明：考虑到低违约率时投资者收益要高于高违约率时的收益，为了简便分析起见，我们设定 $w = W_0^L - W_0^H > 0$，则分析基准中的最优化问题可以转换为求解在给定的低违约率资产水平下，最小化投资者支付给金融中介的报酬金额，即分析基准改写成一个符合如下最优化问题的解为 X_t^L：

$$P(b_0) = \min_{dX_t \geq 0} E\left[\int_0^\infty e^{-rt} dX_t \mid \lambda_L\right] \tag{3-20}$$

模型中的逆向选择问题是给定的不同违约率资产，对应分析基准中的不同努力程度，因此（3-14）式的 IC 条件也可改写为：

$$E\left[\int_0^\infty e^{-\gamma t}dX_t \mid \lambda_H\right] - a_0^H \leqslant E\left[\int_0^\infty e^{-\gamma t}dX_t \mid \lambda_L\right] - a_0^L \quad (3-21)$$

化简得到:

$$E\left[\int_0^\infty e^{-\gamma t}dX_t \mid \lambda_L\right] - E\left[\int_0^\infty e^{-\gamma t}dX_t \mid \lambda_H\right] \geqslant w \quad (3-22)$$

PC 条件可改写为:

$$E\left[\int_0^\infty e^{-\gamma t}dX_t \mid \lambda_L\right] \geqslant b_0^L \quad (3-23)$$

根据 IC 和 PC 条件可以得到命题 3 中相关参数的具体表达式。然后用归纳法证明方式可证明命题 1 满足 IC 和 PC 条件。

假设存在 $\overline{X}_t^L$ 使投资者支付成本更低,则满足:

$$E\left[\int_0^\infty e^{-\gamma t}d\overline{X}_t \mid \lambda_H\right] \leqslant W_0^H \quad (3-24)$$

$$E\left[\int_0^\infty e^{-rt}d\overline{X}_t \mid \lambda_L\right] = \frac{N(u+R\lambda_H)}{r+\lambda_H} \quad (3-25)$$

$$E\left[\int_0^\infty e^{-\gamma t}d\overline{X}_t \mid \lambda_L\right] > W_0^L \quad (3-26)$$

(3-24) 式表明金融中介具有高违约率资产时获得的报酬不如投资者的保留收益;(3-25) 式表明低违约概率时金融中介所获报酬等于投资者收益;(3-26) 式表明低违约概率时要保证金融中介所得报酬大于保留收益,这样才能激励金融中介付出相应的高努力。如果 X_t^L 是存在的,则有:

$$E\left[\int_0^\infty e^{-rt}d\overline{X}_t \mid \lambda_L\right] > E\left[\int_0^\infty e^{-rt}dX_t^L \mid \lambda_L\right] = \frac{N(u+R\lambda_H)}{r+\lambda_H} \quad (3-27)$$

(3-25) 和 (3-27) 式相矛盾,因此不存在比 X_t^L 更优的解。

Q. E. D

②相关讨论。上述命题说明,在签约前,金融中介选择依资产质量而定的契约,能够反映出其所出售的研发资产证券化债券所依赖的资产质量,因此投资者支付的报酬水平也不同。这种分离均衡能够有效避免投资者因信息不对称而遭受损失,从而提高企业研发资产证券化的融资效率。具体而言,在给定资产质量的情形下,金融中介所获得的报酬将有所差异:当给定高违约率资产时,金融中介仅能获得按投资者贴现率贴现到缔约初期的现值 W_0^H;但是当给定的是低违约率资产时,金融中介可以根据资产违约状况在 $t=t_0$ 得到投资者的即时报酬 $y_0 = e^{(\gamma+N\lambda_L)t_0}W_0^L$。这种分离均衡与后面基于道德风险问题所提出的最优联合激

励契约其实是一致的,即投资者支付给金融中介的报酬金额的差异取决于支付报酬的时间点和池中资产的质量情况:池中资产质量较差时,由于违约率较高,资产业绩表现较差,金融中介仅能得到不小于零的最低报酬;而当资产质量较高,由于违约率较低,资产业绩表现较好,则投资者可以根据首次违约出现的时点给予金融中介一个累积报酬金额。投资者在能够判断资产质量即资产违约高低的前提下,也将在支付给金融中介的报酬上表现出来,即资产质量较低时,投资者支付的报酬较少;而资产质量较高时,投资者支付的报酬也较高,由此本书得到命题3-1:

命题3-1:金融中介选择以低违约率资产为标的的债务融资契约所获得的累积报酬的贴现值越大,则投资者支付报酬的最优时间点越往后,且支付的即时报酬金额越大;反之则投资者支付报酬的最优时间点越往前,且支付的即时报酬金额越小。

进一步对命题3进行分析,给定资产质量时,投资者给金融中介的付款时机可分两个层次。首先,在分离均衡解下,投资者给予金融中介的支付取决于资产质量,而金融中介在选择契约过程中所反映出来的资产质量信息也决定其是在开始即获得一个不小于零的支付,还是一直到出现首次资产违约时获得一个累积付款额;其次,在给定低违约概率资产时,决定金融中介所获款项的时机和付款额大小的影响因素。由命题3可知,给定低违约概率资产时,最优支付时点 t_0 与高低两种质量资产的违约概率之差 $\lambda_H - \lambda_L$ 成反比,与不同违约率下的契约保留效用的比值 W_0^L/W_0^H 成正比。

(3)金融中介与投资者履约过程中的道德风险问题分析

金融中介和投资者签约后,在构建研发资产证券化资产池的过程中,金融中介在筛选和审查研发资产时可能采取隐藏真实努力水平的道德风险行为,从而影响资产池中的资产质量,将风险传递给投资者。接下来,本章将主要针对研发资产证券化债务融资契约履约过程中金融中介可能采取的隐匿行为(即道德风险问题),基于研发资产证券化中的企业资产、金融中介和投资者之间的关系,设计符合有限责任约束、激励相容约束和参与约束的契约,激励金融中介在构建资产池时投入高水平的筛选努力,而投资者也能最小化自身购买资产证券化债券的成本。

由于金融中介发行证券化产品所依赖的资产池中有 N 项资产,(3-11)中的最优激励契约实际上是通过解决多维甚至无穷维的最优化问题来解决金融中介的道德风险，即中介在筛选资产时付出的努力水平与资产质量对应。因此，为了便于更清晰地分析整个最优化问题，得到更具一般化的结论，本章将运用归纳法从 $N=2$ 的特殊情形扩展到 $N>2$ 的一般情形进行模型推导，分析最优契约，最终得到一般性的结论。

①池中资产数量 $N=2$ 情况下的最优激励契约。根据违约停时 $\tau_n = \inf\{t>0: D_t \geq n\}$ 的定义，这里定义 $\tau_1 = \inf\{t>0: D_t \geq 1\}$，即违约资产数量大于等于 1 时的时间点 t，从金融中介和投资者双方缔约到该时间点 t 的时间跨度即 τ_1；$\tau_2 = \inf\{t>0: D_t \geq 2\}$，即违约资产数量大于等于 2 时的时间点 t，从缔约到该时间点的时长记为 τ_2。投资者给予金融中介的报酬应该根据 τ_1 和 τ_2 相机决定，以激励金融中介付出努力。因为违约停时和时长反映的是池中资产的质量，而资产质量又取决于金融中介在构建资产组合并筛选资产时是否付出了相应的努力水平。如果投资者的报酬不以 τ_1 和 τ_2 的实现情况作为基准，则该报酬不能激励金融中介付出应有的努力水平。特别地，当 τ_1 和 τ_2 相对较大时，说明违约出现的时间点相对靠后，资产未违约的持续时间较长，也即对应资产的信用和质量越好。而资产的信用和质量越好，则说明金融中介在筛选资产过程中付出的努力水平越高，此时需要对金融中介进行相应的奖励；反之则需要对金融中介的低努力水平进行惩罚。

根据上述分析，可知最优契约其实是根据金融中介所筛选出来的资产的违约状况来决定的，在不同的违约停时情形下给予不同的报酬，以达到平衡激励和奖励的目的，即根据债券违约所反映出来的资产违约状况来决定投资者给予金融中介的报酬水平。而现实契约中，金融中介出售证券化产品但是投资者还未观察到债券违约状况所反映出来的质量信息时便给予金融中介一个报酬或者奖励。根据上面的分析，为了满足激励相容约束条件，可以将目前市场上普遍实行的传统的事前报酬移动到后期进行支付，以便根据资产质量状况（即资产持续一段时间后的违约状况）来决定报酬水平[①]。这样所有的报酬支付将移动至 $t=0$ 之后的某个时点 t_0。而要求解最优契约的关键，则是要将这个实现激励相容和参与约束的最佳时点 t_0 以及 t_0 时刻投资者支付给金融中介的报酬金额 dX_{t_0} 求解出来。

---

① 金融中介在销售证券化产品时往往就需要投资者付款，这就不可避免地形成道德风险问题，因早期的支付并非建立在后期所披露的资产质量信息即资产违约状况上。而在本书中设定的契约中，规定事后支付时间点和支付大小是根据资产违约状况来决定的，让中介分担更多的风险，以激励其付出更高的筛选努力，保证资产质量。

当 $t \neq t_0$ 时，$dX_t = 0$，即未到违约停时则不支付①。如前文所言，为了实现对金融中介的激励，支付的报酬水平必须与资产所反映出来的质量信息相符，否则应不支付；当 $t_0 \geq 0$ 且达最优时点时，$dX_{t_0} = 1_A(\tau) \cdot y_0$，其中事件集 $A \in F_{t_0}$，$1_A(\tau)$ 是示性函数，表示若 $\tau \in A$，则 $1_A(\tau) = 1$，否则为 0；y_0 为 t_0 时候由投资者向金融中介支付的即时报酬金额。假设激励相容约束和参与约束均满足，则有：

$$e^{-\gamma t_0} y_0 P((\tau_1, \tau_2) \in A) | e_H) = a_0 + ce_H^2 \quad (3-28)$$

$$e^{-\gamma t_0} y_0 P((\tau_1, \tau_2) \in A) | e_L) = a_0 + ce_L^2 \quad (3-29)$$

上式中，$P(\cdot | e)$ 表示给定努力下的条件分布概率。结合（3-16）和（3-17）式可得上述契约中金融中介高努力水平下，投资者给予金融中介的报酬为：

$$e^{-rt_0} y_0 P((\tau_1, \tau_2) \in A | e_H) = e^{(\gamma-r)t_0}(a_0 + ce_H^2) \quad (3-30)$$

根据上述条件计算得到只有 2 种研发资产进行资产证券化的最优契约，即命题 4：

命题 4：当研发资产证券化资产池中的资产数量 $N = 2$ 时，此时促使金融中介付出高筛选努力的最优研发资产证券化债务融资契约 $Contract(dX_t, t_0, y_0)$ 满足如下条件：

$$dX_t = \begin{cases} 0, & \text{if } t \neq t_0 \\ 1_{[(\tau_1, \tau_2) \in A]} \cdot \left[\left(\frac{a_0 + ce_H^2}{a_0 + ce_L^2} \right)^{\frac{\gamma + 2\lambda_L}{2(\lambda_H - \lambda_L)}} (a_0 + ce_H^2) \right], & \text{if } t = t_0 \end{cases} \quad (3-31)$$

其中，投资者向金融中介支付报酬的最优时间点：

$$t_0 = \frac{1}{2(\lambda_H - \lambda_L)} \ln \frac{a_0 + ce_H^2}{a_0 + ce_L^2} \quad (3-32)$$

而在该时间点由投资者支付给金融中介的即时报酬金额为：

$$y_0 = \left(\frac{a_0 + ce_H^2}{a_0 + ce_L^2} \right)^{\frac{\gamma + 2\lambda_L}{2(\lambda_H - \lambda_L)}} (a_0 + ce_H^2) \quad (3-33)$$

证明：（3-30）式表明，投资者支付给金融中介的报酬是 t_0 的增函数，且该报酬独立于事件集 A。因此，为了求解最优化契约，需要选取事件集 A，使得 t_0 最小化，这样在满足激励相容和参与约束即满足（3-28）、（3-29）式的前

---

① 考虑到研发资产证券化债券到期均未出现任何违约的可能性，因设定若 $\tau_n = T$，则投资者付给金融中介全部报酬。

提下,激励金融中介付出高努力水平的同时也能让投资者的支付的报酬最小。当然,根据 τ_n 的定义,最好的结果是在 t_0 时刻不发生违约,此时投资者需要根据这个最好结果给予金融中介报酬。换言之,$N=2$ 时,最好的结果是 $\tau_2 \geq \tau_1 \geq t_0$,即累积违约数为 2 时的停时要不小于累积违约数为 1 时的停时,这两个时点又要不小于最优契约的 t_0 时点。前文提到,投资者的报酬应该根据资产所表现出来的质量信息即违约状况来对金融中介进行奖惩,因此本章设定 $A = \{\tau_2 \geq \tau_1 \geq t_0\}$,则根据联合分布概率的计算,(3-28)、(3-29) 式可以简化为:

$$e^{-(\gamma+2\lambda_L)t_0} y_0 = a_0 + ce_H^2 \qquad (3-34)$$

$$e^{-(\gamma+2\lambda_H)t_0} y_0 = a_0 + ce_L^2 \qquad (3-35)$$

解上述联立方程(3-34)和(3-35)即可得到 t_0 和 y_0。

Q. E. D

②池中资产数量 $N>2$ 情况下最优激励契约。根据归纳法证明过程,资产数 $N>2$ 情况下最优激励契约的求解方式与 $N=2$ 时的类似。根据命题 4 的最优契约表达形式,本章总结出 $N>2$ 情况下的最优契约,然后用归纳法证明该契约确实存在且成立。

命题 5:当研发资产证券化资产池中的资产数量 $N>2$ 时,令 $\hat{a}_0 = \max\{a_0, a_0^*\}$,其中 $a_0^* = \dfrac{c(\gamma-r)(e_H^2 - e_L^2)}{N(\lambda_H - \lambda_L)} - ce_L^2$。此时促使金融中介付出高筛选努力的最优研发资产证券化债务融资契约 $Contract(dX_t, t_0, y_0)$ 为:

$$dX_t = \begin{cases} 0, & if\ t \neq t_0 \\ 1_{(\tau_1 \geq t_0)} \cdot \left(\dfrac{\hat{a}_0 + ce_H^2}{\hat{a}_0 + ce_L^2}\right)^{\frac{\gamma+N\lambda_L}{N(\lambda_H-\lambda_L)}} (\hat{a}_0 + ce_H^2), & if\ t=t_0 \end{cases}$$

其中,投资者支付报酬的最佳时间点:$t_0 = \dfrac{1}{N(\lambda_H-\lambda_L)} \ln\left(\dfrac{\hat{a}_0+ce_H^2}{\hat{a}_0+ce_L^2}\right)$;该时间点投资者支付给金融中介的即时报酬金额为:$y_0 = \left(\dfrac{\hat{a}_0+ce_H^2}{\hat{a}_0+ce_L^2}\right)^{\frac{\gamma+N\lambda_L}{N(\lambda_H-\lambda_L)}} (\hat{a}_0+ce_H^2)$。

证明:所谓的最优契约,即需要证明存在一个这样的契约,该契约中投资者的支付成本要小于或者等于满足 IC,PC 和 LL 条件的任意其他契约,即最优契约中的投资者支付的成本边界要比其他任意契约的成本边界范围更小。假定上述最优契约以 $Contract(dX_t^*, t_0, y_0)$ 表示,该契约中更低的成本边界取决于命题中给定的金融中介所获得的对应效用 a_0^*。因为对于 $a_0 < a_0^*$,可以提供与 Con-

$tract(dX_t^*, t_0, y_0)$ 相同形式且满足参与约束条件的契约，但是根据命题 5 中 $\hat{a}_0$，W_0 和 dX_t 的表达式可知，这种做法对于投资者而言其支付成本将会高于给定中介效用为 a_0^* 的契约形式。换言之，若投资者的支付成本 W_0 是 a_0 的函数，则 a_0^* 将是给予金融中介的期望报酬，该支付能够最小化 W_0。

首先，先来证明命题 5 中契约满足 IC 条件。根据前文可知，$dX_{t_0} = 1_A(\tau) \cdot y_0$，于是有：

$$E\left[\int_0^\infty e^{-\gamma t} dX_t^* \mid e_H\right] = E\left[e^{-\gamma t} 1_{(t_0 \leq \tau_N)} \cdot y_0 \mid e_H\right] \tag{3-36}$$

命题 5 中，$y_0 = (e^{t_0})^{\gamma + N\lambda_L}(\hat{a}_0 + ce_H^2)$，将之代入（3-30）得到：

$$E\left[\int_0^\infty e^{-\gamma t} dX_t^* \mid e_H\right] = E\left[e^{-\gamma t_0} \cdot 1_{(t_0 \leq \tau_N)} \cdot e^{t_0(\gamma + N\lambda_L)}(\hat{a}_0 + ce_H^2) \mid e_H\right]$$

$$= E\left[1_{(t_0 \leq \tau_N)} \cdot e^{N\lambda_L t_0}(\hat{a}_0 + ce_H^2) \mid e_H\right]$$

$$= e^{N\lambda_L t_0}(\hat{a}_0 + ce_H^2) \cdot P(t_0 \leq \tau_N \mid e_H) \tag{3-37}$$

由于池中资产已通过多元化方式降低风险，资产相互独立，且违约概率符合随机指数分布特征，根据联合分布概率的函数性质以及（3-30）式计算得到的 $P(\tau \in A \mid e_H)$，可以得到：

$$P((\tau_1, \tau_2, \ldots, \tau_N) \in A \mid e_H) = P(t_0 \leq \tau_N \mid e_H)$$

$$= P(\tau_1 \in A \mid e_H) \cdot P(\tau_2 \in A \mid e_H) \ldots P(\tau_N \in A \mid e_H)$$

$$= e^{-N\lambda_L t_0} \tag{3-38}$$

将（3-38）代入（3-37）得到：

$$E\left[\int_0^\infty e^{-\gamma t} dX_t^* \mid e_H\right] = \hat{a}_0 + ce_H^2 \tag{3-39}$$

同理可得：

$$E\left[\int_0^\infty e^{-\gamma t} dX_t^* \mid e_L\right] = \hat{a}_0 + ce_L^2 \tag{3-40}$$

IC 条件为：

$$E\left[\int_0^\infty e^{-\gamma t} dX_t \mid e_L\right] - ce_L^2 \leq E\left[\int_0^\infty e^{-\gamma t} dX_t \mid e_H\right] - ce_H^2 \tag{3-41}$$

将（3-39）和（3-40）代入（3-41）中，很明显 IC 条件成立。

其次，再来需要证明 LL 条件成立。根据最优化问题，LL 条件为 $dX_t \geq 0$，而当 $t \neq t_0$ 时，命题 5 中 $dX_t = 0$，符合 LL 条件。因此重点在于证明当 $t = t_0$ 时，$dX_t \geq 0$ 是否同样成立。根据 LL 条件的含义，在任意状态和时间点，金融中介均要得到不小于 0 的报酬，即 $t = t_0 = 0$ 时，仍然要求 LL 成立，而事实上 $t_0 \geq 0$，因

此只要证明 $t_0 = 0$ 时刻存在 $dX_t \geq 0$，LL 条件即成立。由于金融中介的收益函数为 $U_S = E\left[\int_0^\infty e^{-\gamma t} dX_t \mid e\right] - ce^2$，要求金融中介在任意状态和时间点上所得到的报酬均不小于 0，意味着 U_S 在任意时间点包括 $t_0 = 0$ 时间点均要大于 0，而根据分析基准中的激励相容约束条件 IC 可知，高努力下的报酬要高于低努力下得到的报酬，因此只要证明 $U_S = E\left[\int_0^\infty e^{-\gamma t} dX_t \mid e_L\right] - ce_L^2 \geq 0$，LL 即成立。根据（3-40）式，可知：

$$E\left[\int_0^\infty e^{-\gamma t} dX_t \mid e_L\right] - ce_L^2 = \hat{a}_0 + ce_L^2 - ce_L^2 = \hat{a}_0 \tag{3-42}$$

而 $\hat{a}_0 = \max\{a_0, a_0^*\}$，这其中 $a_0 \geq 0$，$a_0^* \geq 0$，因而 $U_S = E\left[\int_0^\infty e^{-\gamma t} dX_t \mid e_L\right] - ce_L^2 \geq 0$ 成立。因此 LL 也成立。

再次，需要证明命题 5 中契约满足 PC 条件。根据最优化问题的 PC 条件，需证明 $a_0 \leq E\left[\int_0^\infty e^{-\gamma t} dX_t \mid e_H\right] - ce_H^2$。假定 $\bar{a}_0 = E\left[\int_0^\infty e^{-\gamma t} dX_t \mid e_H\right] - ce_H^2$，即要证明 $\bar{a}_0 \geq a_0$ 成立。$\bar{a}_0$ 可理解为金融中介在付出高筛选努力水平并扣除努力成本之后所得到的期望效用，这个要不小于给定的效用水平，否则金融中介不会付出高水平的筛选努力。由于资产池中的资产数量为 N，因此累积违约资产数量最大数为 N，而 X_t 为经过时间 t 投资者支付给金融中介的累积报酬，因此可以根据不同的时点将 X_t 分解为 N 维向量，以 $x^n(s,t) = X_t \cdot 1(\omega_n)$ 表示向量 s 和时刻 t 的函数，其中 $\omega_n \in \{s_0 = \tau_0, \ldots, s_n = \tau_n, t \leq \tau_{n+1}\}$，$n = 0, 1, \ldots, N$。$\tau_0 = 0, \tau_{N+1} \to +\infty$。在该时刻 t 上，已经发生了 n 项资产的违约，而第 $n+1$ 项资产尚未发生，此时投资者需要根据这已经违约的 n 项资产所反应出的信息给予金融中介报酬。此时 X_t 可改写为：

$$X_t = \sum_{n=0}^{N} x^n(\tau_0, \ldots, \tau_n) \cdot 1(\tau_n < t \leq \tau_{n+1}, t) \tag{3-43}$$

当 $n = 0$ 时

$$E\left[\int_0^{\tau_1} e^{-\gamma t} dx^0(t) \mid e_L\right] = \int_0^{\tau_1} e^{-\gamma t} dx^0(t) \cdot P(\cdot \mid e_L)$$

$$= \int_0^{\tau_1} e^{N(\lambda_L - \lambda_H)t} \cdot e^{-(\gamma + N\lambda_L)t} dx^0(t) \tag{3-44}$$

由于 $e^{N(\lambda_L - \lambda_H)t}$ 是凸函数，根据凸函数的中值定理性质有：

$$e^{-N(\lambda_H - \lambda_L)t} \geq e^{-N(\lambda_H - \lambda_L)t_0}\left[N(\lambda_H - \lambda_L)(t_0 - t) + 1\right] \tag{3-45}$$

将 (3-45) 代入 (3-44) 可得：

$$E\left[\int_0^{\tau_1} e^{-\gamma t} dx^0(t) \mid e_L\right] \geq e^{-N(\lambda_H - \lambda_L)t_0} \int_0^\infty [N(\lambda_H - \lambda_L)(t_0 - t) + 1] e^{-(\gamma + N\lambda_L)t} dx^0(t) \tag{3-46}$$

根据命题 5，$t_0 = \dfrac{1}{N(\lambda_H - \lambda_L)} \ln\left(\dfrac{\hat{a}_0 + ce_H^2}{\hat{a}_0 + ce_L^2}\right)$，经变换可得到 $\dfrac{\hat{a}_0 + ce_H^2}{\hat{a}_0 + ce_L^2} = e^{N(\lambda_H - \lambda_L)t_0}$。

因此有：

$$E\left[\int_0^{\tau_1} e^{-\gamma t} dx^0(t) \mid e_L\right]$$
$$\geq e^{-N(\lambda_H - \lambda_L)t_0} \int_0^\infty [N(\lambda_H - \lambda_L)(t_0 - t) + 1] e^{-(\gamma + N\lambda_L)t} dx^0(t)$$
$$= \dfrac{\hat{a}_0 + ce_L^2}{\hat{a}_0 + ce_H^2} E\left[\int_0^\infty [N(\lambda_H - \lambda_L)(t_0 - t) + 1] e^{-(\gamma + N\lambda_L)t} dx^0(t) \mid e_H\right] \tag{3-47}$$

接下来再来证明当 $n \geq 1$ 时上式依然成立。由于各个停时 $\tau_i(i = 1,2,\ldots,n)$ 之间是相互独立且服从随机指数分布的条件变量，因此根据次序统计量的联合分布函数表达式可知，在不同违约概率 $\lambda_i(i = L, H)$ 的条件下，$\tau_1, \ldots, \tau_n$ 的联合概率密度函数为：

$$f_{\tau_1, \ldots, \tau_n}(s_1, \ldots, s_n) = \dfrac{\lambda_i^n N!}{(N-k)!} \exp\left(-\sum_{k=1}^n \lambda_i s_n\right) \tag{3-48}$$

由于 τ_i（$i = 1, 2, \ldots, n$）相互独立，因此 $\tau_{n+1} - \tau_n$ 相对于 $\tau_1, \ldots, \tau_n$ 也是独立的，服从参数为 $(N-n)\lambda_i$ 的指数分布。对于 $n = 1, 2, 3, \ldots, N-1, N$，根据命题 3-1 中对事件集 A 的定义，有 $A_n = \{0 = s_0 \leq s_1 \leq \ldots \leq s_n\}$，$dA_n = ds_n \ldots ds_0$，则 A_n 代表 $(\tau_0, \ldots, \tau_n)$ 的可能产出集。

$$E\left[\int_{\tau_n}^{\tau_{n+1}} e^{-\gamma t} dx^n(\tau_0, \ldots, \tau_n, t) \mid e_L\right]$$
$$= E\left[E\left[\int_{\tau_n}^{\tau_{n+1}} e^{-\gamma t} dx^n(\tau_0, \ldots, \tau_n, t) \mid \tau_1, \ldots, \tau_n, e_L\right] \mid e_L\right]$$
$$= \dfrac{\lambda_H^{n+1} N!}{(N-n-1)!} \int_{A_n} \int_{s_n}^\infty e^{-(\gamma + N\lambda_H)t + (N-n)\lambda_H s_n + \sum_{k=1}^n \lambda_H(t - s_k)} dx^n(s, t) dA_n$$
$$\geq \dfrac{\lambda_L^{n+1} N!}{(N-n-1)!} \int_{A_n} \int_{s_n}^\infty e^{-(\gamma + N\lambda_H)t + (N-n)\lambda_H s_n + \sum_{k=1}^n \lambda_H(t - s_k)} dx^n(s, t) dA_n$$
$$= \dfrac{\lambda_L^{n+1} N!}{(N-n-1)!} \int_{A_n} \int_{s_n}^\infty e^{-N(\lambda_H - \lambda_L)t} e^{-(\gamma + N\lambda_L)t + (N-n)\lambda_L s_n + \sum_{k=1}^n \lambda_L(t - s_k)} dx^n(s, t) dA_n$$

$$\geqslant \frac{\hat{a}_0 + ce_L^2}{\hat{a}_0 + ce_H^2} E\Big[\int_{\tau_n}^{\tau_{n+1}} (N(\lambda_H - \lambda_L)(t_0 - t) + 1) e^{-\gamma t} dx^n(\tau_0, \ldots, \tau_n, t) \mid e_H\Big]$$

(3-49)

简化即有：

$$E\Big[\int_{\tau_n}^{\tau_{n+1}} e^{-\gamma t} dx^n(\tau_0, \ldots, \tau_n, t) \mid e_L\Big]$$
$$\geqslant \frac{\hat{a}_0 + ce_L^2}{\hat{a}_0 + ce_H^2} \cdot E\Big[\int_{\tau_n}^{\tau_{n+1}} (N(\lambda_H - \lambda_L)(t_0 - t) + 1) e^{-\gamma t} dx^n(\tau_0, \ldots, \tau_n, t) \mid e_H\Big]$$

(3-50)

由于 $X_t = \sum_{n=0}^{N} x^n(\tau_0, \ldots, \tau_n) \cdot 1(\tau_n < t \leqslant \tau_{n+1}, t)$，故 $dX_t = \sum_{n=0}^{N} dx^n(\tau_0, \ldots, \tau_n, t) \cdot 1(\tau_n < t \leqslant \tau_{n+1})$，

联合（3-48）和（3-50）式可知，

$$E\Big[\int_0^\infty e^{-\gamma t} dX_t \mid e_L\Big] = \sum_{n=0}^{N} E\Big[\int_{\tau_n}^{\tau_{n+1}} e^{-\gamma t} dx^n(\tau_0, \ldots, \tau_n, t) \mid e_L\Big]$$
$$\geqslant \frac{\hat{a}_0 + ce_L^2}{\hat{a}_0 + ce_H^2} E\Big[\int_0^\infty [N(\lambda_H - \lambda_L)(t_0 - t) + 1] e^{-\gamma t} dX_t \mid e_H\Big]$$

(3-51)

上式可以变换为：

$$\frac{\hat{a}_0 + ce_L^2}{\hat{a}_0 + ce_H^2} E\Big[\int_0^\infty N(\lambda_H - \lambda_L)(t_0 - t) e^{-\gamma t} dX_t \mid e_H\Big]$$
$$\leqslant E\Big[\int_0^\infty e^{-\gamma t} dX_t \mid e_L\Big] - \frac{\hat{a}_0 + ce_L^2}{\hat{a}_0 + ce_H^2} \cdot E\Big[\int_0^\infty e^{-\gamma t} dX_t \mid e_H\Big]$$
$$= E\Big[\int_0^\infty e^{-\gamma t} dX_t \mid e_L\Big] - ce_L^2 + ce_L^2 - \frac{\hat{a}_0 + ce_L^2}{\hat{a}_0 + ce_H^2} E\Big[\int_0^\infty e^{-\gamma t} dX_t \mid e_H\Big]$$
$$\leqslant E\Big[\int_0^\infty e^{-\gamma t} dX_t \mid e_H\Big] - ce_H^2 + ce_L^2 - \frac{\hat{a}_0 + ce_L^2}{\hat{a}_0 + ce_H^2} E\Big[\int_0^\infty e^{-\gamma t} dX_t \mid e_H\Big] \quad (3-52)$$

将 $\bar{a}_0 = E\Big[\int_0^\infty e^{-\gamma t} dX_t \mid e_H\Big] - ce_H^2$ 代入（3-52）得到：

$$\frac{\hat{a}_0 + ce_L^2}{\hat{a}_0 + ce_H^2} E\Big[\int_0^\infty N(\lambda_H - \lambda_L)(t_0 - t) e^{-\gamma t} dX_t \mid e_H\Big] \leqslant \bar{a}_0 + ce_L^2 - \frac{\hat{a}_0 + ce_L^2}{\hat{a}_0 + ce_H^2}(\bar{a}_0 + ce_H^2)$$
$$= \frac{c(\bar{a}_0 - \hat{a}_0)(e_H^2 - e_L^2)}{\hat{a}_0 + ce_H^2}$$

(3-53)

上式变换可得：

$$E\left[\int_0^\infty (t-t_0)e^{-\gamma t}dX_t \mid e_H\right] \geq -\frac{c(\bar{a}_0 - \hat{a}_0)(e_H^2 - e_L^2)}{N(\lambda_H - \lambda_L)(\hat{a}_0 + ce_L^2)} \quad (3-54)$$

考虑到契约中投资者支付的报酬和 $e^{-(\gamma-r)t}$ 的凸性，结合 PC 条件，可以得到：

$$E\left[\int_0^\infty e^{-rt}dX_t \mid e_H\right]$$
$$\geq e^{(\gamma-r)t_0}\left[E\left[\int_0^\infty (\gamma-r)(t-t_0)e^{-\gamma t}dX_t \mid e_H\right] + E\left[\int_0^\infty e^{-\gamma t}dX_t \mid e_H\right]\right]$$
$$\geq e^{(\gamma-r)t_0}\left[(r-\gamma) \cdot \frac{c(\bar{a}_0 - \hat{a}_0)(e_H^2 - e_L^2)}{N(\lambda_H - \lambda_L)(\hat{a}_0 + ce_L^2)} + \bar{a}_0 + ce_H^2\right]$$
$$= e^{(\gamma-r)t_0}\left\{\left[1 - \frac{c(\gamma-r)(e_H^2 - e_L^2)}{N(\lambda_H - \lambda_L)(\hat{a}_0 + ce_L^2)}\right](\bar{a}_0 - \hat{a}_0) + \hat{a}_0 + ce_H^2\right\} \quad (3-55)$$

根据命题 3-5，若 $a_0 \geq \frac{c(\gamma-r)(e_H^2 - e_L^2)}{N(\lambda_H - \lambda_L)} - ce_L^2$，则 $\hat{a}_0 = a_0$，为了满足 PC 条件，需要满足 $\bar{a}_0 \geq a_0$，式（3-55）才能成立。相反，若存在 $a_0 < \frac{c(\gamma-r)(e_H^2 - e_L^2)}{N(\lambda_H - \lambda_L)} - ce_L^2$，则 $\hat{a}_0 = \frac{c(\gamma-r)(e_H^2 - e_L^2)}{N(\lambda_H - \lambda_L)} - ce_L^2$，且有 $E\left[\int_0^\infty e^{-rt}dX_t \mid e_H\right] \geq e^{(\gamma-r)t_0}(\hat{a}_0 + ce_H^2)$。而 $e^{(\gamma-r)t_0}(\hat{a}_0 + ce_H^2)$ 是投资者的支付成本，由此可见命题中所提到的最优契约中投资者的支付成本要小于或者等于满足 IC，PC 和 LL 条件的任意契约，即最优契约中投资者支付的成本边界更低，因此命题 3-5 中契约最优。

Q.E.D

③进一步的讨论：

（a）关于最优契约中投资者支付报酬的时间点 t_0 的讨论

命题 4 和 5 中的最优契约均表明，不管是简单的两种资产还是复杂的多种资产组合而成的资产证券化债券情形，投资者应在给定的时间点 t_0 之前不支付给金融中介报酬。如果首次违约时间点 $\tau_1 \geq t_0$，则按照命题 5 中 dX_t 的定义，在 t_0 时刻支付报酬 y_0 给金融中介。从 t_0 的表达式来看，t_0 由两部分组成：一部分是给定低努力水平下在 τ_1 时刻的高违约概率 λ_H 和给定高努力水平下在 t_0 的低违约概率 λ_L 的差值之倒数。第二个组成部分是高努力和低努力下金融中介所要付出的努力成本之比。当金融中介付出更高的努力时，虽然筛选资产的成本升高，

但是 t_0 也随之增大,这样将会推迟违约可能出现的时点。因此,结合上述讨论和命题 4 和 5 中的 t_0,可得到命题 5-1:

命题 5-1:金融中介在筛选资产过程中付出的努力水平越高,则投资者向金融中介支付报酬的最优时间点 t_0 越靠后。

(b)金融中介所得到的累积报酬金额 $W(a_0)$ 的讨论

将 dX_t,y_0 和 t_0 代入 (3-2),可得到 $W(a_0)=(\hat{a}_0+ce_H^2)\left(\dfrac{\hat{a}_0+ce_H^2}{\hat{a}_0+ce_L^2}\right)^{\frac{\gamma-r}{N(\lambda_H-\lambda_L)}}$。整理后可得到:$W(a_0)=(\hat{a}_0+ce_H^2)\cdot e^{(\gamma-r)t_0}$。从 $W(a_0)$ 表达式可知,t_0 增大无疑也会给中介带来更多的累计报酬,也即在最优契约中,金融中介付出了高的筛选努力,使得资产首次违约出现的时间点推后,也进一步使得投资者支付报酬的最优时间点推后,因此更能保障投资者利益,此时也应给予金融中介奖励,支付其更多的款项。由此得到命题 5-2:

命题 5-2:投资者向金融中介支付报酬的最优时间点 t_0 与金融中介得到的累积报酬 $W(a_0)$ 之间呈正相关关系,即首次违约发生的时间点越靠后,则金融中介此时所得到的累积报酬越高。

进一步地,我们与 DeMarzo(2005)的模型进行对比。DeMarzo 的模型中,知情发行人(金融中介)出于风险分散的考虑而出售多种资产,如果其获得的部分款项与私有信息无关,则发行人将会通过高级分层的方式来规避风险。因此,发行人是通过保留层的方式释放私有信息信号。而本章模型中的研发资产证券化组合债券是以投资者的最低支付成本的方式提供激励的结果,抵押贷款打包让投资者能够快速了解到金融中介的努力水平,即资产打包具有信息提升作用。因此,投资者可以在保持激励相容时,比单笔贷款更快地支付金融中介报酬,从信息传递和支付的及时性而言,我们提出的契约比 DeMarzo(2005)更具效率。

命题 3、命题 4 和命题 5 实则是资产证券化最优契约的分析框架下的两个解决方向,其差异则在于命题 3 是在金融中介已知资产质量的前提下,如何通过分离均衡的契约模式,来让投资者根据金融中介的选择来判断资产质量,从而减少逆向选择行为;而命题 4 和命题 5 解决的是在资产违约率未给定的前提下,金融中介的道德风险问题,即提供一个最优契约,能激励金融中介付出尽可能高的筛选努力,筛选出合格的资产。

3.4　本章小结

本章研究了初创期中小高科技企业研发资产证券化债务融资契约中企业家、金融中介和投资者的博弈和激励问题。首先，在企业家和金融中介的博弈中引入再谈判机制，解决两者之间的激励相容问题；然后，在金融中介和投资者的博弈中，引入依债券违约率支付报酬的动态激励方式，解决因金融中介和投资者之间的信息不对称所引发的逆向选择和道德风险问题。本章模型的具体结论也即本章的创新之处如下：

①在企业家和金融中介的博弈过程中，如果不引入再谈判机制，金融中介作为债权人将不免除企业家的任何债务，此时由于研发项目的低成功率，企业家需要提供全部抵押物才能从金融中介获得高利率贷款。但是当企业家与金融中介签订可再谈判的贷款契约且研发项目成功时的收益远高于失败时的收益时，企业家违约的概率和金融中介破产清算的概率均会降低从而有利于企业从金融中介获得贷款。

②金融中介和投资者之间的债务契约履行过程中，投资者可根据债券违约状况确定向金融中介支付报酬的最优时间点和金额。由于金融中介获得的即时报酬和累计报酬与投资者向金融中介支付报酬的最优时间点及金额相关，投资者的这种支付方式将激励金融中介在构建研发资产证券化资产池以及筛选研发资产的过程中付出高努力水平，这又会进一步通过金融中介的约束和监督作用来降低企业家的违约概率，从而保证整个研发资产证券化债务融资契约的高融资效率。

需要强调的是，上述资产证券化契约强调事中的信息披露（本模型中表现资产质量）对后一阶段资产证券化债务融资的重要影响。因此，在第5章的实证检验部分中，本书利用Wind金融数据终端中所披露的新三板企业研发信息和财务数据，针对研发信息披露对企业债务融资行为所产生的影响进行验证，从而为第3章的理论结论提供一定程度的支持。

第 4 章　成长期中小高科技企业的可转债融资契约理论研究

根据第 3 章的研究，企业家和金融中介可以通过抵押贷款的再谈判实现激励相容，激励金融中介向企业家发放贷款，同时激励企业家如实报告研发项目收益。在金融中介和投资者的债务契约中，将根据资产违约状况支付报酬的动态激励方式引入到初创期中小高科技企业的研发资产证券化契约中，可以提高金融中介筛选资产时所付出的努力水平，并且防范逆向选择和道德风险。根据本书对高科技中小企业不同成长阶段融资模式的设计，这些优质企业在进入成长期后可进一步通过可转债进行融资，在以低成本实现融资的同时也能使投资者分享到更多收益，实现进一步的激励相容。本章首先根据高速成长期中小高科技企业的特征（具有较好的发展前景和盈利预期）和这一时期的融资需求（阶段性融资且需要让投资者分享更高的预期收益）提出可转债契约的研究思路；然后根据研究思路安排本章研究内容；最后根据扩展思路分析引入控制权相机配置机制且具有不同行权条款的可转债（包括简单可转债、不带限制条件的可赎回可转债和带限制条件的可赎回可转债）实现激励相容的边界条件，并分析控制权相机配置机制对可转债总收益的影响。

4.1　研究思路和研究内容

4.1.1　研究思路

任何债务融资模式均有期限，根据啄食次序理论和金融成长周期理论，第 3

章中基于研发资产证券化的不同等级债券到期之后，资产池中贷款所对应的企业特征和融资需求均会发生变化，此时需要根据这些企业发展的具体情况选择更为合适的融资方式，在降低企业融资成本的同时也能让投资者分享更多企业发展的收益，帮助企业发展壮大。因此，根据 Aghion 等（2013）的理论，在通过资产证券化解决初创期中小高科技企业的融资需求后，就需要进一步设计与企业发展的更高阶段相适宜的融资机制，以促进企业的进一步发展。

Bugg – Levine 等（2012）认为企业在逐渐成熟的过程中会利用其资产负债表和商业计划向许多不同的投资者提供不同的风险和收益组合，以此吸引合适的投资者，从而提高企业的资本可得性。因此，在初创期中小高科技企业通过资产证券化债务融资契约缓解融资约束后，设计与高科技企业成长期特征和融资需求相适宜的债务契约时，需要兼顾投融资双方利益，在保证低融资成本和投资者要求分享更多企业发展收益的基础上，实现激励相容。由于第 3 章中研发资产证券化债券在存续期可根据投资者向金融中介支付报酬的时间点和金额（由违约状况决定）来对资产池中的优质资产及这些资产所对应的高科技企业进行筛选，而这些筛选出的优质企业可以进一步发行兼顾债权的低风险和低成本和转股期权高期望收益属性的可转债，在满足投资安全的同时也能让投资者分享转股收益，从而进一步吸引投资者，实现企业更高发展阶段和快速成长过程中所需融资。此外，从理论支持的角度而言，Myers 和 Majluf（1984）提出的啄食次序理论和 Berger 和 Udell（1998）的金融成长周期均认为，企业发展过程中会根据规模年龄和信息透明度的变化首先寻求成本更低的外部债务融资方式，然后才是成本较高的股权融资，而可转债兼顾债券和股权的特性能够在企业进入更高发展阶段之前在资产证券化债务融资和股权融资之间实现衔接和过渡，因此经由研发资产证券化债券到可转债，并最终利用 IPO 转板制度实现更大规模的股权融资对现有中小企业融资模式进行补充和改进也具有理论基础。

由于高科技企业与投资者之间存在信息不对称，企业经营者可能采取损害投资者利益的行为，投资者因处于信息劣势而无法观察到这些行为时就无法进行有效的监督和约束。因此，可转债契约往往需设定复杂多样的转股限制条款来平衡企业家和投资者之间的利益，激励企业家付出努力并保护投资者利益。然而，现有文献在研究可转债契约的激励约束作用时，往往将具体的可转债条款与控制权割裂开，这显然不符合可转债的基本特征和内在的控制权配置本质。

实际上，可转债的具体条款被触发后将必然伴随产权的转移和利益的重新分配，而这又是由控制权所决定。对于成长期的高科技企业而言，企业的高速发展往往意味着更清晰的发展前景和更高的盈利预期，这将更容易触发转换条款并转移控制权。因此，在分析可转债的激励约束效应时，需将可转债的具体条款与控制权配置结合起来进行分析。此外，由于高科技企业的高度信息不对称和契约的不完全性，现实中企业和投资者之间的逆向选择和道德风险问题会降低可转债契约的融资效率。不完全契约理论的研究表明，传统的现金流视角无法克服企业融资过程中的道德风险，而将控制权配置机制与可转债契约的具体条款相结合，能够有效解决道德风险（Aghion 和 Bolton，1992；Gebhard 和 Schmidt，2006）。

因此，本章模型借鉴 Wang（2009）和 Gebhard 和 Schmidt（2006）的相关假定，将可转债契约的具体行权条款与控制权相机配置机制相结合，分析具有不同行权条款的可转债契约对企业家和投资者实现激励相容的边界条件，并进一步探讨控制权相机配置对本章中所有三种类型可转债总收益的影响。

4.1.2 研究内容

中小高科技企业成长和研发活动具有高度不确定性，虽然具有控制权相机配置机制的可转债契约相对于标准债务和股权契约具有更高的融资效率，但是可转债在实际应用中需要结合企业的具体发展状况制订复杂的转股限制条款。传统的可转债研究并未深入探讨不同转股条款尤其是投资者保护条款的可转债契约融资效率（Schmidt，2003），因此成长期中小高科技企业的可转债融资契约需要在上述基础上进一步扩展分析。同时，由于契约具有天生的不完备性（Aghion 和 Bolton，1992），中小高科技企业的高度不确定性会放大契约的不完备性，此时仅仅依靠限制条款无法实现激励相容，事前针对控制权配置进行合理设计可起到提升事后决策效率的作用。本章模型将上述问题和研究思路结合起来考虑，在研究内容上作出如下安排：

①进行模型设定，提出基本假设，在激励相容约束条件的基础上求解不存在代理冲突时的可转债最优问题解，作为分析基准。

②求解带控制权相机配置机制的不同行权条款可转债实现激励相容的边界条件。考虑到不同可转债会根据融资方的需求而设定不同的行权条款，因

而具有不同的激励相容效果。因此，分别求解带控制权相机配置机制的简单可转债、不带限制条件的可赎回可转债以及带限制条件的可赎回可转债实现激励相容的边界条件，以探讨更适合中小高科技企业特征和融资需求的可转债契约。

③对比无控制权相机配置机制和有控制权相机配置机制的不同可转债总收益的差异。考虑到根据成长期的高科技企业特征和融资需求发行可转债，旨在引导金融资源配置到效率更高的企业或项目，而控制权配置机制可在现有激励方式无法提高资源利用率时，通过对资源控制力的释放来提高总收益（Santos，2012）。因此，在求解不带控制权相机配置机制时各种不同可转债的总收益之后，分别与②中推导出来的带控制权相机配置机制的不同可转债总收益进行对应相比，进一步分析控制权相机配置机制是否有利于提高所有类型可转债的总收益。

4.2 模型设定

4.2.1 基本假定

（1）模型设定

假定一家高速成长的高科技企业由代表现有股东的企业家经营，现因研发项目需要和财富约束的限制，以可转债方式在资本市场募集 K 单位的资金。企业家付出 $e \in (0,1]$ 的努力，努力成本为 ce^2。投资者的资金 K 为阶段性投入，即第一阶段投入为 $k \in (0,1)$，在第一阶段末投资者根据研发项目的阶段性产出和披露的信息决定是否继续投入剩余的 $K-k$。第一阶段末公开披露研发产出信息，因而基于产出的可观测性，设定企业家的努力可观测但不可证实[①]。两阶段的资金投入均可证实，但第一阶段末关于是否继续第二轮投资的决定权是事前不可契约的，仅能根据事后信息的披露情况，通过再谈判确定。设定项目所处

[①] 之所以设定努力水平可观测不可证实，是考虑到产出能在一定程度上反映企业家的努力程度，但是能在多大程度上反映，则无法获得证实。

自然状态 $\theta \in \{0,1\}$，$\theta=1$ 表示好状态，$\theta=0$ 表示坏状态。

假定项目在第二阶段末产生收益 W 在项目期初并不确定，且 W 与企业家努力水平 e、投资者初始投入 k 以及项目所处自然状态 θ 相关，服从 $\Phi(W,e,k,\theta)$ 的分布，均值为 $\mu(e,k,\theta)$。可转债融资有还本付息的硬性约束，Hart（2001）认为，在风险投资过程中，随着投资风险的降低，企业家将获得更多的控制权，而当项目产生的收益足以偿付债券收益时，企业家获得全部控制权将是一种最有效率的配置方式。因此，根据本文对控制权的定义，在模型中设定当项目产出 W 无法偿付投资者可转债收益时，投资者拥有控制权，此时企业家控制权私人收益为 0；当 W 能够偿付可转债本息时，企业家拥有控制权并获得私人收益 b。此外，如果项目收益 W 无法满足还本付息要求，则拥有控制权的投资者可以选择终止项目，并根据初始投资可获得一个清算价格 αk，其中清算比例系数 $\alpha \in [0,1)$。企业家和投资者的利益分配则由不同的契约形式决定。

（2）基本假设

以 $\Phi(W,e,k,\theta)$ 表示在投入 (e,k) 和不同自然状态条件 θ 下 W 的分布函数。假定更多初始投资、企业家更高的努力水平以及企业处于更好的自然状态均会增加项目成功的概率。根据一阶随机最优的定义，A 相对于 B 一阶随机占优，即 $A >_{FSD} B$，则 $F_A(x) \leqslant F_B(x)$，$\forall x$，因此，假设不论自然状态 θ 如何，项目产出分布函数 $\Phi(W,e,k,\theta)$ 均随着 (e,k) 的增加而递减，企业家和投资者参与项目的最低参与约束则为其收益要优于零，因此本章提出关于收益 $\Phi(W,e,k,\theta)$ 的一阶随机最优条件，即假定 1。

假定 1：$\Phi_e(W,e,k,\theta)<0, \Phi_k(W,e,k,\theta)<0$ 对于所有的 (e,k) 和任意自然状态均成立。

该假设说明，θ 改变的只是产出的大小，并不改变产出因双方投入增加而提高的事实[①]，即不管企业所处自然状态如何，只要企业家和投资者投入努力，项目就有正收益，只是收益大小有所不同。只要项目有初始投入，则项目收益就优于不投入时的零收益。同时，为了降低模型推导过程的复杂程度，提出下面的假定 2：

假定 2：$\Phi(W,e,k,\theta)$ 独立于 (e,k)。

---

① $\theta=1$ 时 $W=\omega e(1+k)$，$\theta=0$ 时 $W=\xi e(1+k)$，ω 和 ξ 分别表示 $\theta=1$ 或 0 时项目收益的外部性，如此处理兼顾双方投入和自然状态对项目收益的共同作用。按照预期收益的计算方法，可知不管 θ 如何变化，均不影响 e 和 k 的变化对 W 大小的影响趋势，因此 W 分布函数可表示为 $\Phi(W,e,k,\theta)$。在第 5 章的实验中，本书将使用上述收益函数形式。

给定无风险利率 r_0，则本模型中涉及的可转债利率 r_C 均在基准的无风险利率上进行浮动，而无风险利率可以参照上海银行间拆放利率（Shibor）确定。该项目的投资总额 K 并非一个可以选择的变量，是根据整个研发项目过程中所需资金而预估的一个给定数值。特别地，由于双方可以通过投资事后所实现的不确定性获益，因此资金在两期中如何分配将会影响对企业家的激励水平，进而影响最终收益。当然，事后的投资决策将把风险转嫁给企业家（这取决于投资者是愿意终止项目还是接受再谈判），而这种风险将会导致企业家的低努力程度。因此，需要在两期之间合理地分配资金以激励企业家付出更多努力的同时也能使投资者在后续投资中获益。

最后，假设企业家和投资者均是风险中性的，也不考虑 $t=1$ 时刻的贴现因素和利息支付，利息支付根据项目的进展在最终时刻支付。若项目终止，则在 $t=1$ 时刻进行清算；若项目进行到第二轮投资结束，则在项目期末支付利息。

4.2.2 分析基准

（1）激励相容约束条件

模型中可转债融资的目的在于在激励相容条件下保证总收益的最大化。以 Π_E 和 Π_I 分别代表企业家和投资者的收益，投资者的初始投入 k 事前可契约化，但是是否募集第二轮资金的决策则事前无法契约化。与传统委托—代理模型设定一致，企业家的努力水平 e 无法证实。以 Π 表示总收益，则事前的激励问题可以表述为：

$$\begin{cases} \Pi = \max_{e,k,\cdots} \Pi_E + \Pi_I \\ s.t \ \dfrac{\partial \Pi_E}{\partial e} = 0, \dfrac{\partial \Pi_I}{\partial k} = 0 \end{cases} \tag{4-1}$$

（4-1）中的一阶求导函数为投资者和企业家的激励相容约束条件（IC）。除了上式的 e 跟 k 外，阶段融资所采用的不同可转债契约中还有其他变量需要考量。根据上述激励问题的表达式，本模型需要解决的问题包括：①确定符合现实融资情景的有效机制，即确定哪种可转债契约形式能够实现激励相容；②确定符合现实情景且能够实现效率的可转债所具有的特征，即关于 e，k 以及其他反映不同契约特征的参数。

（2）分析基准：最优问题

作为分析基准，需要考虑不存在代理冲突时的最优问题，然后以这种理想状态下得出的最优解与现实中存在代理冲突时得到的最优解进行对比，以此判断何种形式的可转债契约可以实现效率。假定企业家和投资者的投入水平 e，k 均可事前缔约，当且仅当可以实现事后效率时才能触发第二轮投资，即要确保第二轮融资能够吸引投资者继续投入，则需要保证项目最终产出在扣除成本之后，剩余价值要不小于第一轮投资结束后终止项目所得的清算价值。那么，在 $t=1$ 时刻，当且仅当：

$$W - (K - k) \geq \alpha k \text{ 或者 } W \geq W_1 \equiv \alpha k + K - k \tag{4-2}$$

其中 W_1 为第一阶段产出。满足上式，则事后再继续募集第二轮投资是有效的。否则，项目将违约或者在 $t=1$ 时刻被终止。如图 4-1 所示：

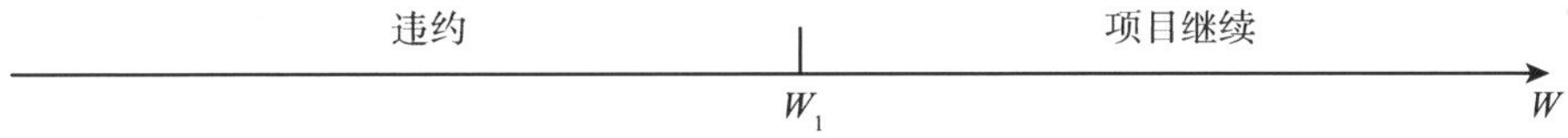

图 4-1 最优化问题示意图

因此，在概率分布为 $\Phi(W_1, e, k, \theta)$ 的前提下，如项目在 $t=1$ 时刻产出小于 W_1，则可转债发生违约。以总收益作为最优化问题的计算函数，则最优化问题可列为：

$$\prod = \max_{e, k \geq 0} \underbrace{\alpha k \Phi(W_1, e, k, \theta)}_{\text{项目产出低于} W_1} + \underbrace{\int_{W_1}^{\infty} [W - (K-k)] d\Phi(W, e, k, \theta)}_{\text{项目产出高于} W_1} - \underbrace{(k + ce^2)}_{\text{投融资双方成本}} \tag{4-3}$$

要对比不同可转债融资契约的效率，即求解能够使（4-3）式取最大值的 e 和 k，在此基础上进行对比。因此，对上述最优问题分别对 e 和 k 求偏导数。将 $W_1 \equiv \alpha k + K - k$ 改写为 $W_1 = (\alpha - 1)k + K$，可见第一期收益 W_1 取决于初始投入 k 和清算比例 α。要求最优解（e^*，k^*），则分别对（4-3）求 e 和 k 的偏导，则有：

$$\frac{\partial \prod}{\partial k} = (\alpha - 1)\Phi(W_1, e, k, \theta) + W_1 \Phi_k(W_1, e, k, \theta) + \int_{W_1}^{\infty} W d\Phi_k(W, e, k, \theta)$$

$$= -(1-\alpha)\Phi(W_1, e, k, \theta) - \int_{W_1}^{\infty} \Phi_k(W, e, k, \theta) dW$$

$$= 0 \tag{4-4}$$

$$\frac{\partial \Pi}{\partial e} = \alpha k \Phi_e(W_1, e, k, \theta) + \int_{W_1}^{\infty} [W - (K - k)] d\Phi_e(W, e, k, \theta) - 2ce$$

$$= -\int_{W_1}^{\infty} \Phi_e(W, e, k, \theta) dW - 2ce$$

$$= 0 \qquad (4-5)$$

解（4-4）式跟（4-5）式的联立方程即可得到

$$(1-\alpha)\Phi(W_1, e, k, \theta) + \int_{W_1}^{\infty} \Phi_k(W, e, k, \theta) dW = 0 \qquad (4-6)$$

$$\int_{W_1}^{\infty} \Phi_e(W, e, k, \theta) dW + 2ce = 0 \qquad (4-7)$$

即当不存在代理问题时，阶段融资中企业家和投资者的最优投入水平（e^*，k^*）由（4-6）和（4-7）式决定。（4-6）式表明当投资者的初始投入 k 对总收益的边际贡献为0时，总收益 Π 达到最大值；（4-7）式表明企业家的努力 e 对总收益的边际贡献为0时，总收益 Π 达到最大值。

4.3 模型分析及命题提出

现实金融市场中存在多种类型可转债，如高溢价可转债、溢价回售可转债、零息可转债和可交换可转债等。一般而言，强调投资者保护的可转债均会附带可回售条款，但是企业发行何种具体类型的可转债，需要结合多方面因素进行考虑。中小高科技企业资产规模并不大，尽管投资这些创新型企业具有高风险，可回售条款对于保护投资者利益和吸引投资者较为重要，但是处于高速发展期且急需大量研发资金的高科技企业若在发行可转债时过于强调可回售条款对投资者的保护作用，将会在企业研发或失败而投资者执意执行回售权时面临极大的现金流压力，甚至导致企业破产，这无疑有悖于本书利用可转债缓解中小企业融资难的研究初衷。张高擎和廉鹏（2009）以华菱管线可转债为例，指出当公司大股东丧失控制权时，机构投资者可以通过股价的负向操纵行为来触发回售条款，从而实现套利，损害公司利益。可见作为投资者保护措施的回售条款同样能引起投资者的道德风险问题。此外，修改后的《全国中小企业股份转让系统投资者适当性管理细则（试行）》中已明确要求投资者熟悉相关规则的同时了解挂牌企业经营风险,要求投资者具有良好的心理和生理承受能力、风险识别和控制能力,审慎参与新三板投资,另外还对投资者风险告知、投资者资产最低限额、投资者经验等各方面均作了详细规定。从目前的投资者管理制度来看,被允许参与其中的投资者,应该具有良好的专业性、较强的风险承受力和识别力等基本特征。

考虑到上述原因,本书在设计适合成长期中小高科技企业融资需求的可转债契约时,并未讨论可回售条款对投融资双方的激励约束效应,而是从阶段融资(可据事中信息披露进行再谈判)和赎回条款限制(平衡双方谈判力)两方面对企业家权力进行一定限制,从而起到保护投资者作用。

4.3.1 简单可转债

以 (K, r_c, γ) 表示一个发行规模为 K,利率为 r_c,转换比例为 γ 的可转债契约,该转债在 $t=1$ 之后可转,$t=2$ 到期。与前述假设一样,为了简化分析,不考虑该可转债在 $t=1$ 时刻的利息支付。在现实中,尽管可转债持有者在转股之前能够如标准债持有者那样收到固定收益,但是可转债持有者并不像标准债持有者那样被优先偿付,这一特征决定了可转债违约时双方的利益分配机制。因此,本模型可转债持有者不具有止赎权,且契约可以在任何时候针对第二轮融资进行再谈判。如果再谈判导致违约,则可转债持有人与企业共享收益,收益分享比例按照可转债的转换比例确定,即为 $(\gamma, 1-\gamma)$。此外,由于模型中引入控制权相机配置变量,当再谈判导致违约,根据本书对控制权相机配置的定义,此时控制权配置给投资者,企业家的私人收益为 0。最优契约也将表明,当且仅当项目业绩低于某个特定水平时,项目才会在 $t=1$ 时刻违约。

分析投资者在不同项目收益时的最优策略。由 (4-2) 可知,若在 $t=1$ 时 $W < W_1 = \alpha k + K - k$,则项目违约,根据控制权相机配置的定义,此时投资者掌握控制权,企业家控制权私人收益为 0,投资者和企业家的收益分别为 $\gamma \alpha k$ 和 $(1-\gamma)\alpha k$;若 $W \geq W_1$,则经过再谈判可以募集第二轮资金 $K-k$ 以继续维持项目。$t=2$ 时,若 $\alpha k + K - k = W_1 \leq W < W_2 = (1+r_c)K$ 时,项目收益虽然能够保证可转债不违约,但是因为项目收益仍不足以偿付可转债本息,此时投资者依然掌握控制权,企业家私人收益为 0,投资者最优策略为不转股,公司破产,投资者和企业家收益分别为 W 和 0;若 $W_2 = (1+r_c)K \leq W < (1+r_c)K/\gamma = W_3$ 时,说

明此时项目收益虽然可以偿付可转债本息,但是小于转股收益,此时投资者和企业家的收益分别为 $(1+r_C)K$ 和 $W-(1+r_C)K+b$;当 $W \geq W_3$ 时,投资者选择转股,因转股后投资者获取的收益要大于继续持有可转债,此时投资者和企业家收益分别为 γW 和 $(1-\gamma)W+b$。因此,W_1、W_2 和 W_3 分别是违约、破产和转股与否的临界点。如图 4-2 所示:

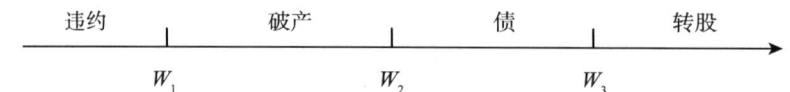

图 4-2 简单可转债的各个决策临界点

在 t=1 时刻,双方可以在现有契约基础上再谈判,以决定是否继续该项目,从而达到事后效率。当且仅当 $W \geq W_1$ 时,项目才会继续并进行第二轮融资。因此,总结上述 t=1 和 t=2 时刻双方所做的选择。根据分析基准中的最优化问题以及上述对各个节点的分析,本章假设企业家和投资者的收益分别为 Π_E 和 Π_I。则有:

$$\Pi_E = \begin{cases} (1-\gamma)\alpha k, & \text{if } W < W_1 \\ 0, & \text{if } W_1 \leq W < W_2 \\ W-(1+r_C)K+b, & \text{if } W_2 \leq W < W_3 \\ (1-\gamma)W+b, & \text{if } W \geq W_3 \end{cases}, \Pi_I = \begin{cases} \gamma\alpha k, & \text{if } W < W_1 \\ W, & \text{if } W_1 \leq W < W_2 \\ (1+r_C)K, & \text{if } W_2 \leq W < W_3 \\ \gamma W, & \text{if } W \geq W_3 \end{cases}$$

考虑到企业家付出的成本 ce^2 和投资者在 t=0 时的投资 k 以及 t=1 时如果有 $W \geq W_1$ 时所要付出的第二轮资金 $K-k$,则有:

$$\Pi_E = (1-\gamma)\alpha k \Phi(W_1, e, k, \theta) + \int_{W_2}^{W_3}[W-(1+r_C)K+b]d\Phi(W, e, k, \theta)$$
$$+ \int_{W_3}^{\infty}[(1-\gamma)W+b]d\Phi(W, e, k, \theta) - ce^2 \tag{4-8}$$

$$\Pi_I = \int_{W_1}^{W_2}(W-K+k)d\Phi(W, e, k, \theta) + \int_{W_2}^{W_3}[(1+r_C)K-K+k]d\Phi(W, e, k, \theta)$$
$$+ \int_{W_3}^{\infty}(\gamma W-K+k)d\Phi(W, e, k, \theta) + \gamma\alpha k\Phi(W_1, e, k, \theta) - k \tag{4-9}$$

(4-8) 和 (4-9) 分别对 e 和 k 求一阶导数,得到命题 4。

命题 6:阶段融资中,简单可转债无法实现对企业家的激励以实现激励相容,即不存在一个 e,使得 $\frac{\partial \Pi_E}{\partial e}=0$ 成立。

证明：Π_E 对 e 求导可得：

$$\frac{\partial \Pi_E}{\partial e} = (1-\gamma)\alpha k\Phi_e(W_1,e,k,\theta) - \int_{W_2}^{\infty}\Phi_e(W,e,k,\theta)dW$$
$$+ \gamma\int_{W_3}^{\infty}\Phi_e(W,e,k,\theta)dW - 2ce \qquad (4-10)$$

因此，企业家的参与约束条件为：

$$(1-\gamma)\alpha k\Phi_e(W_1,e,k,\theta) - \int_{W_2}^{\infty}\Phi_e(W,e,k,\theta)dW + \gamma\int_{W_3}^{\infty}\Phi_e(W,e,k,\theta)dW = 2ce$$
$$(4-11)$$

如果命题 4 中的（4-7）式成立，则（4-11）式可以改写为：

$$(1-\gamma)\alpha k\Phi_e(W_1,e,k,\theta) + \int_{W_1}^{W_2}\Phi_e(W,e,k,\theta)dW + \gamma\int_{W_3}^{\infty}\Phi_e(W,e,k,\theta)dW = 0$$
$$(4-12)$$

根据假定 1 中的一阶随机占优条件，$\forall e$，存在 $\Phi_e(W_1,e,k,\theta)<0$，因此（4-12）式左侧衡小于 0，明显（4-12）不成立，也即不存在一个 e，使得 $\frac{\partial \Pi_E}{\partial e}=0$ 成立，简单可转债无法实现最优，无法实现对企业家的激励。

Q. E. D

命题 4 在现实经济生活中也不乏实例佐证，即当市场上标准债的品种和发行都充裕时，可转债往往比较少，这主要是由于可转债不具有止赎权。因为相对于标准债而言，简单可转债对企业的激励不足。$W<W_1$ 时，项目违约，此时企业家获得 $1-\alpha$ 比例的项目清算价值；但是 $W \geqslant W_3$ 时，由于企业家并非单一的剩余索取权人，而需要跟投资者分享由于项目业绩良好所带来的剩余收益。因此相对于可转债而言，标准债务对企业的激励更高，在简单可转债契约情景下，即使投资者投入了足够多的资金，企业家也将会投资不足。因此简单可转债无法实现最优，主要问题在于对企业家的激励不足。为了提高可转债的融资效率，就需要解决企业家的激励问题。因此，下文继续在简单可转债基础上通过条款设计来实现激励相容。

4.3.2 不带限制条件的可赎回可转债

简单可转债契约无法实现效率，主要在于该契约赋予投资者过大的谈判力，对企业家激励不足，因此需要设计相关条款来提升企业家的谈判力。考虑到现实金融市场中，几乎所有可转债都为企业家赋予了赎回权（Lewis 等，1998），而可转债的赎回条款规定企业家可以在某个时期以契约中事先约定的转换比率和赎回价格强制债券持有人转换的权利。因此，本书在简单可转债的基础上增加赎回条款，以检验不带限制条件的可赎回可转债是否能够解决企业家的激励问题，从而实现提高融资效率。

以 (K, r_c, γ, P) 表示项目投资总额为 K，利率为 r_c，转换比率为 γ，赎回价格为 P 的可赎回可转债。假定企业可按协定在 $t=1$ 时刻以价格 P 从投资者手中赎回可转债，从而强制投资者进行转换。如果企业不行权，则投资者可以选择将 γ 比例的可转债转成股权或者继续持有可转债从而在项目完成之后要求支付 $(1+r_c)K$；如果企业家行使赎回权，则投资者可以选择立刻将 γ 比例的可转债转成股权或者立即获得支付 P。根据前文简单可转债在存续期间存在的时点，可知不带限制条件的可赎回可转债同样存在三个决策临界点。第一，$t=1$ 时不确定性即项目信号实现，双方根据项目第一阶段的产出实现再谈判；第二，$t=1.5$ 时刻企业家根据项目收益情况决定是否执行赎回权；第三，$t=1.75$ 时刻，企业家作出决策之后，投资者根据此决策选择是否转股。由于企业家执行赎回权与不执行的收益有所差异，本书将这两种情况加以区分说明。

需要说明的是，若企业家不执行赎回权，则企业家和投资者的收益分配与简单可转债情形一致。在企业家执行赎回条款的情形下，$W \leq W_1$ 时企业家和投资者的收益分别为 $(1-\gamma)\alpha k$ 和 $\gamma \alpha k$。而若企业家赎回时 P 大于项目最终收益 W，则等同于项目破产，因为此时赎回价大于项目最终产出，即使项目所有产出归投资者所有，仍无法抵消企业家付出的赎回价，因此当 $W_1 < W \leq P$ 时企业家若赎回，项目破产，企业家和投资者收益分别为 0 和 W；当 $P < W$ 且 $\gamma W \leq P$，即 $P < W \leq P/\gamma$ 时，虽然企业家执行赎回，但是若投资者得到的赎回价格高于转股价格时，投资者仍然选择以 P 的价格将可转债出售给企业家，此时企业家获取全部控制权，企业家和投资者双方的收益分别为 $W-P+b$ 和 P；当 $W > P/\gamma$ 时，投资者转股收益大于按 P 的价格回售给企业家，此时企业家获得控制权，且企业家和投资者的收益分别为 $(1-\gamma)W+b$ 和 γW。投资者和企业家的博弈过程及双方的收益情况如图4-3所示。图中括号上部为企业家收益，下部为投资收益。

为了进一步分析企业家执行赎回权和不执行赎回权时，各个临界点对后续决策的影响，本章将两种情况下企业家的收益进行对比。其中，企业家不赎回时的收益情况如图4-4所示。如果企业家执行赎回权，则收益如图4-5所示。

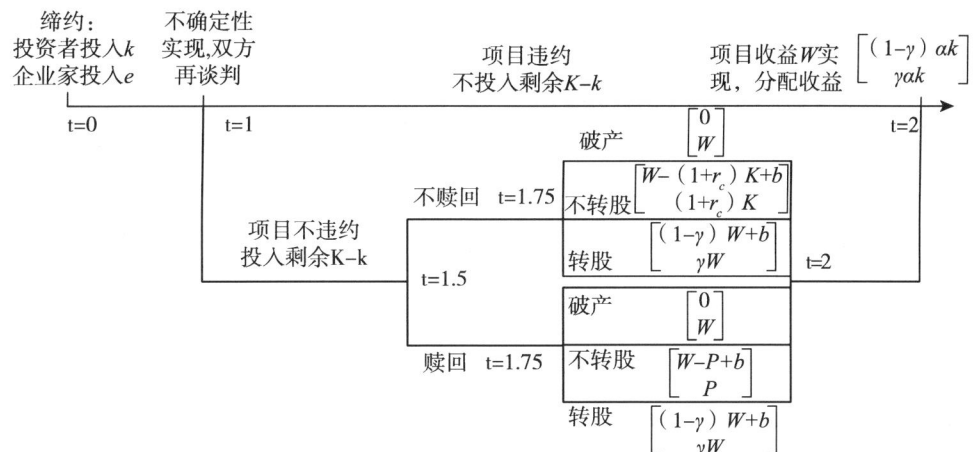

图 4-3　不带限制条件的可赎回可转债博弈过程及各种情形下双方收益

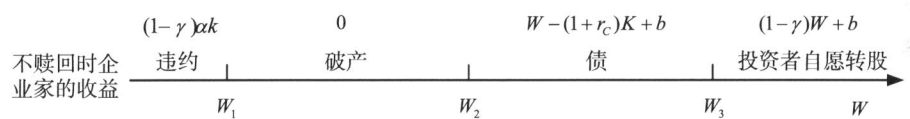

图 4-4　企业家不赎回时在各阶段获得的收益

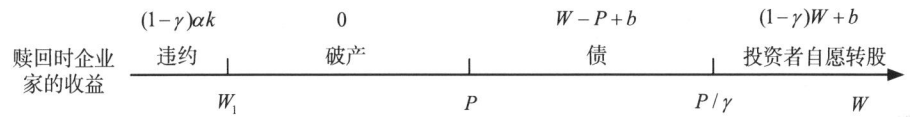

图 4-5　企业家赎回时在各阶段获得的收益

对比上述两种情况的收益发现：①当 $P/\gamma > W_3$ 时，企业家将不会赎回，因为此时赎回付出的成本将高于项目收益；②当 $W_2 \leq P/\gamma \leq W_3$ 时，企业家将会一直赎回。因此时项目将不会破产，且赎回成本低于收益，赎回之后将增加企业家的收益。③当 $W_1 \leq P/\gamma < W_2$ 时，企业家仍然会执行赎回权，理由同上。综合上述三种情况可见，只要满足 $W_2 \geq P$，则企业家将会执行赎回权，因此时项目虽然破产，但是项目收益仍然高于赎回价，企业家执行赎回权可以保证自己作为股东获取全部剩余价值，而不会因为作为债务人而让投资者优先获得收益；如果 $P > W_2$，则企业家不会行权，因此时赎回价高于项目收益。这也就意味着一旦 $P > W_2$，则可赎回可转债的情况就类似于简单可转债，不能对企业家实行有效激励。因此，本章仅在 $P \leq W_2$ 的限定下进行分析。而当 $W_2 \geq P$ 时，企业家会执行赎回权，此时企业家和投资者的收益函数分别为：

$$\Pi_E = \int_P^{P/\gamma} (W-P+b)d\Phi(W,e,k,\theta) + \int_{P/\gamma}^{\infty} [(1-\gamma)W+b]d\Phi(W,e,k,\theta)$$
$$+ (1-\gamma)\alpha k\Phi(W_1,e,k,\theta) - ce^2 \quad (4-13)$$

$$\Pi_I = \int_{W_1}^P (W-K+k)d\Phi(W,e,k,\theta) + \int_P^{P/\gamma}(P-K+k)d\Phi(W,e,k,\theta)$$
$$+ \int_{P/\gamma}^{\infty}(\gamma W-K+k)d\Phi(W,e,k,\theta) + \gamma\alpha k\Phi(W_1,e,k,\theta) - k \quad (4-14)$$

最优化问题即对（4-1）式求解，从而得到命题5。

命题7：阶段融资中赋予企业家可赎回权利，则根据不带限制条件的可赎回可转债中双方的最优投入（e^*, k^*）及 $W_1^* \equiv K-(1-\alpha)k^*$，得到：

（1）项目收益不大于赎回价格即 $W^* \leq P$ 的可直接赎回可转债无法实现激励相容；

（2）不带限制条件的可赎回可转债实现激励相容的边界条件为：

$$\alpha k\Phi_e(W_1^*,e^*,k^*,\theta) > \int_0^{W_1^*}\Phi_e(W,e,k,\theta)dW \quad (4-15)$$

即满足（4-15）式的条件，则可以找到一个可实现激励相容的总额为 K，利率为 r_C，转换比率为 γ^*，赎回价格为 P^* 的可赎回可转债（K,r_C,γ^*,P^*）。其中 K 和 r_C 分别是满足 $K>0$ 和 $r_C>0$ 的任意值，$0<\gamma^*<1$，$0<P^*<W_1^*$。

证明：根据投资者和企业家的收益函数，可得：

$$\Pi = \Pi_E + \Pi_I = \alpha k\Phi(W_1,e,k,\theta) + \int_{W_1}^{\infty}(W-K+k)d\Phi(W,e,k,\theta)$$
$$+ b[1-\Phi(P)] - k - ce^2 \quad (4-16)$$

由于（4-16）只比（4-3）多了 $b[1-\Phi(P)]$，因此（4-16）求得的最优解（e^*, k^*）与（4-6）和（4-7）的一致。下面根据最优解（e^*, k^*）寻找符合企业家激励相容条件的 γ^* 和 P^*。根据（4-1）式的激励相容条件 $\frac{\partial \Pi_E}{\partial e}=0$，即

$$\int_P^{P/\gamma}(W-P+b)d\Phi_e(W,e,k,\theta) + \int_{P/\gamma}^{\infty}[(1-\gamma)W+b]d\Phi_e(W,e,k,\theta)$$
$$+ (1-\gamma)\alpha k\Phi_e(W_1,e,k,\theta) = 2ce \quad (4-17)$$

因此，接下来就是寻找与符合上述等式的（e^*, k^*）相对应的（γ,P），且 $\gamma \in [0,1]$，$P \in [0,W_2]$。式（4-17）可以改写为：

$$(1-\gamma)\alpha k\Phi_e(W_1,e,k,\theta) - \int_P^\infty \Phi_e(W,e,k,\theta)dW$$
$$+ \gamma\int_{P/\gamma}^\infty \Phi_e(W,e,k,\theta)dW + b[\Phi_e(P) - 1] = 2ce \quad (4-18)$$

根据 (4-17) 式 $\int_{W_1}^\infty \Phi_e(W,e,k,\theta)dW + 2ce = 0$，可得：

$$\int_{W_1}^\infty \Phi_e(W,e,k,\theta)dW + 2ce$$
$$= \int_{W_1}^P \Phi_e(W,e,k,\theta)dW + \int_P^\infty \Phi_e(W,e,k,\theta)dW + 2ce$$
$$= 0 \quad (4-19)$$

$$2ce = -\int_P^\infty \Phi_e(W,e,k,\theta)dW - \int_{W_1}^P \Phi_e(W,e,k,\theta)dW \quad (4-20)$$

联合 (4-18)、(4-20) 式可得：

$$(1-\gamma)\alpha k\Phi_e(W_1,e,k,\theta) + \int_{W_1}^P \Phi_e(W,e,k,\theta)dW + \gamma\int_{P/\gamma}^\infty \Phi_e(W,e,k,\theta)dW$$
$$+ b[\Phi_e(P) - 1] = 0 \quad (4-21)$$

根据假设 1 的一阶随机占优条件，对于 $\forall e, k$，$\Phi_e(W,e,k,\theta) < 0$ 均成立，而 $\Phi_e(P) \leq 1$。因此，为了使 (4-21) 成立，则必须有 $P < W_1$。如果项目在 t = 1 时刻没有被清算，则项目收益肯定大于 W_1。因此，当企业家决定是否赎回时，意味着项目并没有被清算，即企业家将会在需要赎回的时候能够支付 P。因此当可转债可被直接赎回时，不会发生破产。接下来需要证明的是，在最优解 (e^*, k^*) 下，可以找到相对应的 (γ, P) 满足 (4-21) 式的条件，且要求 $0 < \gamma < 1$，$P < W_1$。令：

$$Y(P,\gamma) = (1-\gamma)\alpha k\Phi_e(W_1,e,k,\theta) + \int_{W_1}^P \Phi_e(W,e,k,\theta)dW$$
$$+ \gamma\int_{P/\gamma}^\infty \Phi_e(W,e,k,\theta)dW + b[\Phi_e(P) - 1] \quad (4-22)$$

根据 (4-7) 式 $\int_{W_1}^\infty \Phi_e(W,e,k,\theta)dW + 2ce = 0$，可得：

$$Y(P,1) = \int_{W_1}^P \Phi_e(W,e,k,\theta)dW + \int_P^\infty \Phi_e(W,e,k,\theta)dW + b[\Phi_e(P) - 1]$$
$$= -2ce + b[\Phi_e(P) - 1] < 0 \quad (4-23)$$

(4-23) 式对任意 $P \leq W_1$ 均成立。

根据命题 5 中的 (4-15) 式 $\alpha k\Phi_e(W_1^*, e^*, k^*, \theta) > \int_0^{W_1^*} \Phi_e(W,e,k,\theta)dW$，

可得：

$$Y(0,0) = \alpha k \Phi_e(W_1, e, k, \theta) + \int_{W_1}^{0} \Phi_e(W, e, k, \theta) dW$$

$$> \int_{0}^{W_1} \Phi_e(W, e, k, \theta) dW + \int_{W_1}^{0} \Phi_e(W, e, k, \theta) dW = 0 \quad (4-24)$$

因此，根据（4-24）式和 $Y(P,0)$ 在 P 上的持续性，存在 $P^* \in (0, W_1)$ 使得 $Y(P^*, 0) > 0$。然后根据上式所求的 P^* 以及 $Y(P^*, \gamma)$ 在 γ 上的连续性，因为 $Y(P^*, 1) < 0$ 以及 $Y(P^*, 0) > 0$，由单调连续函数的性质可知存在 $\gamma^* \in (0, 1)$ 使得 $Y(P^*, \gamma^*) = 0$ 成立。即可以找到一对满足 $0 < \gamma^* < 1$，$P^* < W_1$ 条件的 (P^*, γ^*) 满足企业家的激励相容约束。因此，可找到满足（4-1）式的最优解 $(e^*, k^*, P^*, \gamma^*)$ 以使不带限制条件的可赎回可转债实现有效激励。

上述结果表明，在简单可转债基础上赋予企业家可赎回权利，只有满足一定条件时才能保证实现企业家和投资者之间的激励相容。命题7（1）是显而易见的，因为任何不带限制条件的可赎回可转债，只要发行人的赎回价格高于项目能够给其带来的收益，该发行人必然不会执行赎回权。而现实世界中赎回价也往往比投资者的投资额要高，因为只有这样才能为投资者提供足够的投资保护。命题7（2）说明，不带限制条件的可赎回可转债在一定限制条件下能够提高企业家的努力程度，因为当项目绩效较差时企业家有可能执行赎回权，但是这种可转债又会带来新的问题，即对投资者的激励会下降，要满足（4-15）式需要企业家增加的努力能够使违约风险降得足够快。而根据（4-15）式，投资者可能并不关心赎回权的负效应，因为当绩效较低而企业家准备赎回时给企业家所带来的收益减少，将会通过违约风险的降低得到补偿。企业家在此时的激励得到很大的提高，而赎回权对投资者激励的净效应则是中性的。

上述不带限制条件的可赎回可转债只是达到了部分有效。为了进一步提高可转债对双方的激励水平，本书进一步研究附加赎回限制条款的可转债。不带限制条件的可赎回可转债会在事后赋予企业家更多谈判力，从而提高效率，但是如果给予企业家过多谈判力，则此时又无法有效激励投资者，则不带限制条件的可赎回可转债依然不能实现双边激励。为了平衡双方谈判力，需要进一步对拥有过高谈判力的一方给予一定限制以进行平衡，即在给予企业家赎回权的同时，对其赎回权进行一定的限制。

4.3.3 带限制条件的可赎回可转债

带限制条件的可赎回可转债相较于不带限制条件的可赎回可转债,在企业家行使赎回权时进行了一定限制,即只有在某一特定时期达到触发条件 $\overline{W}$ 时企业家才能行使赎回权。在第二阶段融资中,规定当且仅当 $W \geqslant \overline{W}$ 时企业家才能以价格 P 和转换比率 γ 赎回可转债。当 $W < W_2$ 时项目要么违约要么破产,因此触发价不能低于 W_2。同样,投资者在 $W > W_3$ 时由于转股收益大于继续持有可转债收益,会选择自愿转股,因此触发价也不能高于 W_3,$\overline{W}$ 的合理范围应为 $[W_2, W_3]$。另外,因为企业需要在达到赎回条件时能够激励投资者将手中可转债转换成 γ 股票,需要设定 $P \leqslant \gamma \overline{W}$,因为若企业家行权失败,将会面临较高的成本,因此通常要求在签订契约时规定转换价格在赎回价格的基础上有一定浮动,具体反映在模型中就是 $P \leqslant \gamma \overline{W}$。各个决策临界点如图 4-6 所示:

```
违约   |   破产   |    债    |  强制转股  |  自愿转股
──────┼─────────┼─────────┼──────────┼──────────→
      W₁         W₂         W̄           W₃
```

图 4-6 带赎回限制条款的可赎回可转债各个决策临界点

上图表明,当 $W \geqslant W_3$ 时投资者将会自愿转股;当 $W \in [\overline{W}, W_3]$ 时,企业家将会强制转换而投资者也将会转股;当 $W < \overline{W}$ 时,企业家不能强制转换,此时投资者将会一直持有债券直到项目进入结束;当 $W < W_2$ 时项目破产。因此双方收益函数如下:

$$\Pi_E = \int_{W_2}^{\overline{W}} [W - (1 + r_C)K + b] d\Phi(W, e, k, \theta)$$
$$+ \int_{\overline{W}}^{\infty} [(1 - \gamma)W + b] d\Phi(W, e, k, \theta)$$
$$+ (1 - \gamma)\alpha k \Phi(W_1, e, k, \theta) - ce^2 \qquad (4-25)$$

$$\Pi_I = \int_{W_1}^{W_2} (W - K + k) d\Phi(W, e, k, \theta) + \int_{W_2}^{\overline{W}} [(1 + r_C)K - K + k] d\Phi(W, e, k, \theta)$$
$$+ \int_{\overline{W}}^{\infty} (\gamma W - K + k) d\Phi(W, e, k, \theta) + \gamma \alpha k \Phi(W_1, e, k, \theta) - k \qquad (4-26)$$

最优化问题即对(4-1)式求解,从而得到相关参数值 $(e, k, \gamma, P, \overline{W})$ 和命题6。

命题8：阶段融资中赋予企业家带限制条件的赎回权利，则根据该可转债中双方的最优投入（e^*，k^*）及 $W_1^* \equiv K-(1-\alpha)k^*$，得到：

（1）带限制条件的可赎回可转债，其赎回的触发条件 $\overline{W}$ 需满足 $\overline{W} \in [W_2, W_3]$；（2）对于任意 W，带限制条件的可赎回可转债实现激励相容的边界条件为：

$$\int_{W_1}^{W_2} \Phi_e(W,e,k,\theta)dW + \int_{\overline{W}}^{\infty} \Phi_e(W,e,k,\theta)dW > (W_2+b)\Phi_e(W_2,e,k,\theta)$$

(4-27)

即满足（4-27）式的条件，则存在一个实现激励相容的可转债（$K, r_C, \gamma^*, P^*, \overline{W}$），其中 K 和 r_C 分别是满足 $K>0$ 和 $r_C>0$ 的任意值，$0<\gamma^*<1$，赎回价为 $P^* \leqslant \gamma^* \overline{W}$，第一阶段融资之后若 $W > \overline{W}$ 时可赎回，$P^* \leqslant \gamma^* \overline{W}$ 和 $\overline{W} \in [W_2, W_3]$ 均可取符合条件的任意值。

证明：根据（4-25）和（4-26），可得：

$$\Pi = \Pi_E + \Pi_I$$
$$= \alpha k \Phi(W_1,e,k,\theta) + \int_{W_1}^{\infty}(W-K+k)d\Phi(W,e,k,\theta) + b[1-\Phi(W_2)]$$
$$- k - ce^2$$

(4-28)

同样，（4-28）只比（4-3）增加了 $b[1-\Phi(W_2)]$，因此最优解（e^*，k^*）仍然为（4-6）和（4-7）所决定的最优解，即不论可转债是否带赎回限制条款，企业家和投资者的最优投入水平不变。与命题5的证明方法一致，下面根据最优解（e^*，k^*）寻找符合激励相容条件的 γ，P 和 $\overline{W}$。根据 $\dfrac{\partial \Pi_E}{\partial e}=0$，可得：

$$(1-\gamma)\alpha k \Phi_e(W_1,e,k,\theta) + \int_{W_2}^{\infty}(W+b)d\Phi_e(W,e,k,\theta)$$
$$- \gamma \int_{\overline{W}}^{\infty} W d\Phi_e(W,e,k,\theta) - K(1+r_C)[\Phi_e(\overline{W},e,k,\theta)$$
$$- \Phi_e(W_2,e,k,\theta)] - 2ce = 0$$

(4-29)

然后根据（4-25）式求得：

$$\gamma^* = \dfrac{\begin{bmatrix} \alpha k \Phi_e(W_1,e,k,\theta) - K(1+r_C)[\Phi_e(\overline{W},e,k,\theta) - \Phi_e(W_2,e,k,\theta)] \\ + \int_{W_2}^{\infty}(W+b)d\Phi_e(W,e,k,\theta) - 2ce \end{bmatrix}}{\alpha k \Phi_e(W_1,e,k,\theta) + \int_{\overline{W}}^{\infty} W d\Phi_e(W,e,k,\theta)}$$

(4-30)

根据 (4-7) 式可得:

$$2ce = -\int_{W_1}^{\infty} \Phi_e(W,e,k,\theta)dW = \int_{W_1}^{\infty} Wd\Phi_e(W,e,k,\theta) + W_1\Phi_e(W_1,e,k,\theta) \tag{4-31}$$

将 (4-31) 式代入 (4-30) 式得到

$$\gamma^* = \frac{\begin{bmatrix} [K(1+r_C) - W_2 - b]\Phi_e(W_2,e,k,\theta) - K(1+r_C)\Phi_e(\overline{W},e,k,\theta) \\ + \alpha k\Phi_e(W_1,e,k,\theta) + \int_{W_1}^{W_2}\Phi_e(W,e,k,\theta)dW \end{bmatrix}}{\alpha k\Phi_e(W_1,e,k,\theta) + \int_{\overline{W}}^{\infty} Wd\Phi_e(W,e,k,\theta)} \tag{4-32}$$

要使 γ^* 存在, 则需要证明 $0 < \gamma^* < 1$。根据一阶随机占优条件, 可知 $\Phi_e(W,e,k,\theta) < 0$, 因此可将 (4-32) 式改写成:

$$\gamma^* = \frac{\begin{bmatrix} [K(1+r_C) - W_2 - b]\Phi_e(W_2,e,k,\theta) - K(1+r_C)\Phi_e(\overline{W},e,k,\theta) \\ + \int_{W_1}^{W_2}\Phi_e(W,e,k,\theta)dW + \alpha k\Phi_e(W_1,e,k,\theta) \end{bmatrix}}{\alpha k\Phi_e(W_1,e,k,\theta) - \overline{W}\Phi_e(\overline{W},e,k,\theta) - \int_{\overline{W}}^{\infty}\Phi_e(W,e,k,\theta)dW}$$

$$< \frac{\begin{bmatrix} \alpha k\Phi_e(W_1,e,k,\theta) - (W_2 + b)\Phi_e(W_2,e,k,\theta) \\ -K(1+r_C)\Phi_e(\overline{W},e,k,\theta) \end{bmatrix} + \int_{W_1}^{W_2}\Phi_e(W,e,k,\theta)dW}{\alpha k\Phi_e(W_1,e,k,\theta) - \overline{W}\Phi_e(\overline{W},e,k,\theta) - \int_{\overline{W}}^{\infty}\Phi_e(W,e,k,\theta)dW}$$

$$< \frac{K(1+r_C)\Phi_e(\overline{W},e,k,\theta) + (W_2+b)\Phi_e(W_2,e,k,\theta) - \int_{W_1}^{W_2}\Phi_e(W,e,k,\theta)dW}{\overline{W}\Phi_e(\overline{W},e,k,\theta) + \int_{\overline{W}}^{\infty}\Phi_e(W,e,k,\theta)dW} \tag{4-33}$$

根据图 4-7 中所示的整个博弈过程中存在的临界点, 只有当 $W_2 \leq K(1+r_C) < \overline{W}$ 时, 投资者才会继续持有可转债, 上述收益函数才成立, 因此可得到

$$\gamma^* < \frac{K(1+r_C)\Phi_e(\overline{W},e,k,\theta) + (W_2+b)\Phi_e(W_2,e,k,\theta) - \int_{W_1}^{W_2}\Phi_e(W,e,k,\theta)dW}{\overline{W}\Phi_e(\overline{W},e,k,\theta) + \int_{\overline{W}}^{\infty}\Phi_e(W,e,k,\theta)dW}$$

$$< \frac{\overline{W}\Phi_e(\overline{W},e,k,\theta) + (W_2+b)\Phi_e(W_2,e,k,\theta) - \int_{W_1}^{W_2}\Phi_e(W,e,k,\theta)dW}{\overline{W}\Phi_e(\overline{W},e,k,\theta) + \int_{\overline{W}}^{\infty}\Phi_e(W,e,k,\theta)dW}$$

$$< \frac{(W_2+b)\Phi_e(W_2,e,k,\theta) - \int_{W_1}^{W_2}\Phi_e(W,e,k,\theta)dW}{\int_{\overline{W}}^{\infty}\Phi_e(W,e,k,\theta)dW} \quad (4-34)$$

由（4-27）式可知：

$$0 < \gamma^* < \frac{(W_2+b)\Phi_e(W_2,e,k,\theta) - \int_{W_1}^{W_2}\Phi_e(W,e,k,\theta)dW}{\int_{\overline{W}}^{\infty}\Phi_e(W,e,k,\theta)dW} < 1 \quad (4-35)$$

Q. E. D

上述结果表明，在可转债基础上进一步增加赎回限制条款，能进一步提升可转债的融资效率。虽然附加限制条款并未能进一步提升企业家和投资者双方的最优投入水平（e^*，k^*），但是将（e^*，k^*）代入到总收益函数中，却能发现总收益增加了 $b[1-\Phi(W_2)]$。此外，从命题成立的范围上而言，命题7（1）表明只有满足 $W^*>P$ 的可赎回可转债才能实现效率，而命题8中可转债实现效率的项目收益区间则更为普遍。

4.3.4 控制权相机配置对可转债总收益的影响

现实中契约是不完全的，上文的命题也表明，在设计合理的可转债以控制双边道德风险的过程中，实现效率的条款要在一定程度上抑制道德风险，需满足一定的应用范围，如命题7中只有项目收益大于赎回价格的不带限制条件的可赎回可转债才能实现激励；而命题8虽然进一步平衡了企业家和投资者的谈判力，但是也只有满足（4-29）式的可转债才能在效率上有所提升。近年来，随着不完全契约金融理论的兴起，控制权相机配置作为改进契约设计效率的一种有效手段被更广泛地应用于解决投融资双方的道德风险问题。如 Aghion 和 Bolton（1992）最早提出通过控制权配置来解决投融资之间因为控制权私人收益冲突而降低事后决策效率。Dewatripont 和 Tirole（1994）分析了如何通过控制权的相机转移来对经理人实施有效激励。鉴于控制权相机配置在解决契约双方利益冲突和事后效率方面的重要作用，前文可转债契约中均引入控制权相机配置变量,分析不同可转债在阶段融资中对企业家和投资者的激励约束效应。但是,引入控制权变量是否有效?与未引入控制权的情形相比,控制权对整个博弈过程中的总收益和双方收益分配又会产生什么影响?回答这些问题有助于证明本模型引入控制权变量的合理性。下面本书将分别计算简单可转债、不带限制条件的可赎回可转债和带限制条件的可赎回可转债在未引入控制权时的企业家和投资者收益以及总收益。

(1) 简单可转债

根据图 (4-3) 所示简单可转债各临界点计算企业家和投资者双方各自的收益情况,可知若在 $t=1$ 时 $W<W_1=\alpha k+K-k$,则项目违约,投资者和企业家的收益分别为 $\gamma\alpha k$ 和 $(1-\gamma)\alpha k$;若 $W \geqslant W_1$,则经过再谈判可以募集第二轮资金 $K-k$ 以继续维持项目。$t=2$ 时,若 $\alpha k+K-k=W_1<W \leqslant W_2=(1+r_C)K$ 时,投资者最优策略为不转股,公司破产,投资者和企业家收益分别为 W 和 0;若 $W_2=(1+r_C)K<W \leqslant (1+r_C)K/\gamma=W_3$,说明此时项目收益虽然可以偿付可转债本息,但是小于转股收益,此时投资者最优策略是持有可转债,投资者和企业家的收益分别为 $(1+r_C)K$ 和 $W-(1+r_C)K$;当 $W>W_3$ 时,投资者选择转股,因转股后投资者获取的收益要大于继续持有可转,此时控制权配置给企业家,投资者和企业家收益分别为 γW 和 $(1-\gamma)W$。根据上述分析可得企业家收益 Π_E 和投资者的收益 Π_I 分别为:

$$\Pi_E = (1-\gamma)\alpha k \Phi(W_1,e,k,\theta) + \int_{W_2}^{W_3}[W-(1+r_C)K]d\Phi(W,e,k,\theta)$$
$$+ \int_{W_3}^{\infty}(1-\gamma)W d\Phi(W,e,k,\theta) - ce^2 \quad (4-36)$$

$$\Pi_I = \int_{W_1}^{W_2}(W-K+k)d\Phi(W,e,k,\theta) + \int_{W_2}^{W_3}[(1+r_C)K-K+k]d\Phi(W,e,k,\theta)$$
$$+ \int_{W_3}^{\infty}(\gamma W-K+k)d\Phi(W,e,k,\theta) + \gamma\alpha k\Phi(W_1,e,k,\theta) - k \quad (4-37)$$

未引入控制权变量时,简单可转债的总收益 Π_1 为 (4-3) 式。此时最优投入水平 (e^*,k^*) 由 (4-6) 和 (4-7) 决定。根据命题 4 可知,不存在一个 e,使得 $\frac{\partial\Pi_E}{\partial e}=0$ 成立。而根据 (4-36) 也可计算出不存在使得 $\frac{\partial\Pi_E}{\partial e}=0$ 的 e。可知不论是否运用了控制权配置机制,简单可转债均未能实现效率,即均无法实现对企业家的有效激励。而根据 (4-8) 和 (4-9) 可得引入控制权时的总收益 Π_2 为:

$$\Pi_2 = \Pi_E + \Pi_I$$

$$= \alpha k \Phi(W_1, e, k, \theta) + \int_{W_1}^{\infty} (W - K + k + b) d\Phi(W, e, k, \theta) - k - ce^2$$

$$= \Pi_1 + b[1 - \Phi(W_1, e, k, \theta)] \tag{4-38}$$

由于 $b > 0$ 且 $\Phi(W_1, e, k, \theta) < 1$，因此存在 $\Pi_2 > \Pi_1$，引入控制权之后，总收益增加了 $b[1 - \Phi(W_1, e, k, \theta)]$。

(2) 不带限制条件的可赎回可转债

根据图 4-6 中不带限制条件的可赎回可转债在各个临界点的最优决策情形，计算不带控制权配置时的企业家收益 Π_E 和投资者的收益 Π_I 分别为：

$$\Pi_E = \int_P^{P/\gamma} (W - P) d\Phi(W, e, k, \theta) + \int_{P/\gamma}^{\infty} [(1 - \gamma)W] d\Phi(W, e, k, \theta)$$

$$+ (1 - \gamma)\alpha k \Phi(W_1, e, k, \theta) - ce^2 \tag{4-39}$$

$$\Pi_I = \int_{W_1}^{P} (W - K + k) d\Phi(W, e, k, \theta) + \int_{P}^{P/\gamma} (P - K + k) d\Phi(W, e, k, \theta)$$

$$+ \int_{P/\gamma}^{\infty} (\gamma W - K + k) d\Phi(W, e, k, \theta) + \gamma \alpha k \Phi(W_1, e, k, \theta) - k \tag{4-40}$$

计算得到未引入控制权变量时，不带限制条件的可赎回可转债的总收益 Π_1 仍然为 (4-3) 式。此时最优投入水平 (e^*, k^*) 仍然不变。在引入控制权变量时，总收益为 (4-16) 式。对比 (4-3) 和 (4-16) 可发现，引入控制权之后，总收益的增加值为 $b[1 - \Phi(P, e, k, \theta)]$。

(3) 带限制条件的可赎回可转债

根据图 4-7 中带限制条件的可赎回可转债在各个临界点的最优决策情形，计算不带控制权配置时的企业家收益 Π_E 和投资者的收益 Π_I 分别为：

$$\Pi_E = \int_{W_2}^{\overline{W}} [W - (1 + r_C)K] d\Phi(W, e, k, \theta) + \int_{\overline{W}}^{\infty} [(1 - \gamma)W] d\Phi(W, e, k, \theta)$$

$$+ (1 - \gamma)\alpha k \Phi(W_1, e, k, \theta) - ce^2 \tag{4-41}$$

$$\Pi_I = \int_{W_1}^{W_2} (W - K + k) d\Phi(W, e, k, \theta) + \int_{W_2}^{\overline{W}} [(1 + r_C)K - K + k] d\Phi(W, e, k, \theta)$$

$$+ \int_{\overline{W}}^{\infty} (\gamma W - K + k) d\Phi(W, e, k, \theta) + \gamma \alpha k \Phi(W_1, e, k, \theta) - k \tag{4-42}$$

将上述两式 Π_E 和 Π_I 相加得到的总收益 Π_1 仍然为 (4-3) 式，可知未引入控制权时最优投入水平 (e^*, k^*) 仍然由 (4-6) 和 (4-7) 决定。在引入控制权变量时，总收益为 (4-28) 式。对比 (4-3) 和 (4-28) 可发现，引入控制权之后，总收益有所增加，增加量为 $b[1-\Phi(W_2,e,k,\theta)]$。

上述对比分析结果表明，在可转债契约设计中引入控制权相机配置，不会提高可转债的最优投入水平（e^*,k^*），但是会提高总收益。因此，根据上述分析可得到命题 7：

命题 9：控制权相机配置机制不改变阶段融资中可转债的最优投入水平（e^*,k^*），但是会增加阶段融资中的可转债总收益。

由于引入控制权的可转债与未引入控制权的可转债总收益函数形式相比，只多了一个常数项且该常数项与 e 和 k 无关，与 b 相关。而对最优化问题的分析可知，不论阶段融资中采用何种可转债，其项目产出是 e、k 和 θ 的函数，与 b 无关，因此最优投入水平（e^*,k^*）均由（4-6）和（4-7）式决定，即只有当投资者的初始投入 k 和企业家的努力 e 分别对总收益的边际贡献为 0 时，总收益 Π 达到最大值。在总收益中的常数项与 b 相关且独立于 e 和 k 的前提下，控制权相机配置机制必然不会改变阶段融资中的可转债的最优投入水平。

根据本书对控制权的定义，控制权指的是对经营决策等重大事项的决定权，可对企业重大决策、收益分配、人事调整以及企业清算等重大决策行使决定权。而控制权配置机制则保证了企业家和投资者双方在项目不确定性信号出现之后进行再谈判，这个过程将提高企业资源的利用价值，从而影响项目业绩和总收益。在本模型的设定中，当项目产出无法满足对债权人的还本付息的要求时，控制权配置由企业家转移给债权投资者，此时拥有控制权的债权人具有经营决策的决定权，包括继续投资项目还是终止项目并进行清算。当企业内部控制系统无法通过现有激励方式提高项目资源的利用率时，控制权相机配置机制可通过释放对资源的控制能力来提高资源的配置效率，从而增加总收益（Santos，2012）。如模型中项目违约或破产时，拥有控制权的债权投资者可用更有能力的经理人替换现高管或清算项目，从而将第二阶段的资金投入其他更有盈利前景的项目中；或者项目产出超出还本付息要求时，拥有控制权的企业家可以决定是否用盈余资金投资于其他项目。

4.4 本章小结

本章将可转债的不同行权条款与控制权相机配置相结合，构建以成长期中小高科技企业家和投资者为主体的可转债融资契约博弈模型，分别求解简单可转债、不带限制条件的可赎回可转债以及带限制条件的可赎回可转债融资契约中企业家和投资者的最优投入水平，以及实现激励相容的边界条件，然后在上述三种可转债中引入控制权相机配置变量并分析其对三中类型可转债总收益的影响。本章模型的具体结论也即本章的创新之处如下：

①简单可转债虽然可以促使投资者付出高初始投入，但是因赋予投资者过多谈判力而无法实现对企业家的激励；在简单可转债基础上引入不带限制条件的可赎回条款，则不带限制条件的可赎回可转债能够在一定边界条件下实现企业家和投资者的激励相容；进一步对可转债的赎回条款进行限制，则带限制条件的可赎回可转债中企业家和投资者的谈判力更为平衡，因而实现实现企业家和投资者激励相容的边界条件将比不带限制条件的可赎回可转债更广。

②对比无控制权相机配置和有控制权相机配置时三种可转债的总收益，发现有控制权相机配置机制的可转债能够获得更高的总收益，这可能是因为控制权配置机制保证了研发项目不确定性信号出现之后的再谈判，该过程将提高企业资源的利用价值，通过释放对资源的控制能力来提高资源的配置效率，从而增加可转债的总收益。

需要强调的是，可转债契约在阶段融资的现实应用中，事中的信息披露（本模型中包括自然状态和第一阶段的项目产出）对后一阶段融资至关重要，直接决定了后一阶段融资是否能够实现。因此，在第5章的经验研究中，本书利用Wind金融数据终端中所披露的新三板企业研发信息和财务数据，针对研发信息披露对企业负债融资行为所产生的影响进行验证。

第 5 章 研发信息披露对中小高科技企业债务融资契约影响的经验研究

第 3 章的研发资产证券化债务融资契约模型和第 4 章的可转债融资契约模型中，分别揭示了研发资产质量和研发项目的阶段性产出等信息对博弈各方投资决策行为的影响。而中小高科技企业在不同成长阶段分别利用研发资产证券化债券和可转债实现融资的过程中，债权投资者最为关心的重要信息之一是高科技企业的研发投入和研发项目进展等信息，因为这些信息将直接影响金融中介筛选备选资产的决策，也会影响到可转债对投资者的吸引程度以及后期的转股决策，而这些决策最终将直接影响到企业是否能够成功通过研发资产证券化债券和可转债提高其债务融资水平，缓解融资难的问题。因此，中小高科技企业通过披露相关的研发信息以降低信息不对称是从研发资产证券化债务契约到可转债契约的融资模式能否顺利执行并提高融资效率的关键。由于我国现实经济环境中暂无与本书模型对应的研发资产证券化债券和可转债的经济数据，本书以 2010—2015 年新三板挂牌企业为例，从第 3 章和第 4 章理论模型中涉及的信息不对称角度，实证检验研发信息披露（包括研发投入和研发项目进展信息）这一降低信息不对称的行为对中小高科技企业债务融资水平（总资产负债率、短期负债率和长期负债率）的影响[①]，从而在一定程度上为第 3 章和第 4 章的理论研究结论提供经验证据。

---

① 目前新三板挂牌企业的财务制度不完善，wind 数据库中披露的财务数据不全，银行负债和商业信用等债务融资结构的数据量缺失过大，无法进一步针对研发信息披露对银行负债和商业信用的影响进行实证检验，因而本书只以资产负债率和债务期限结构（短期负债率和长期负债率）作为因变量进行分析。

5.1 经验研究框架

5.1.1 研究思路

中小高科技企业研发投资的高度信息不对称特征将使中小企业很难获得债务融资（Aboody 和 Lev，2000）。因此，要想通过债务融资契约来缓解中小企业高速成长过程中的融资难问题，根本解决途径仍然在于如何减缓或消除融资过程中的信息尤其是研发信息的不对称对债务融资的消极影响。

第 3 章和第 4 章分别根据初创期和高速成长期的中小高科技企业特点和融资需求设计了与之相匹配的研发资产证券化债券和可转债契约。之所以强调是债务融资，是因为本书的研发资产证券化债券是以企业研发资产作为抵押，从大型基金（Megafund）处获得贷款并将之进行资产证券化打包处理之后形成不同等级债券再出售给投资者而获得融资，这种研发资产证券化融资模式对中小高科技企业而言，仍然是表内负债，是一种债务融资行为；而可转债融资本身即是一种附带转股期权的特殊债务融资模式。资产证券化债务契约中金融中介因其专业性而拥有更多资产质量的信息，而可转债中的企业家则因其内部人身份而拥有更多企业经营的内部信息，这些于债权投资者而言均构成信息不对称优势，从而影响债务融资效率。

通过披露研发活动的相关信息，解决创新研发的高度信息不对称是保证上述债券能够适销对路并吸引投资者的关键（Francis 等，2003）。第 3 章的研发资产证券化债务融资契约揭示了研发项目收益信息对企业家和金融中介行为的影响，以及资产质量信息的披露对金融中介筛选努力和投资者支付决策的影响，而金融中介付出的筛选努力和投资者的支付直接决定了企业是否能够通过研发资产证券化实现债务融资以及融资额度的大小，进而影响企业的总体负债率；第 4 章的可转债融资契约也揭示了事中信息披露对投融资双方决策（包括是否进行后续研发投资以及是否转股）的影响，进而改变企业的资产负债率。第 3 章和第 4 章未说明信息披露对中小高科技企业的负债融资水平会产生何种具体影响，而负债水平会因受到资产证券化债券的融资额度和可转债的转换比率等因素的影响而发生变化。实际上，研发资产证券化筛选资产的过程和可转债契约的阶段融资特征也决定了研发信息披露在保证契约执行效率方面的重要性。这就需要通过经验证据形成完整的实证研究，以得到更具说服力的研究结论。另外，从解决信息不对称的角度获得中小高科技企业的研发信息披露（包括研发投入和研发进展信息）对其债务融资行为影响的经验证据，则能说明中小高科技企业在不同发展阶段分别利用资产证券化和可转债融资契约缓解融资约束的必要性和可行性。

另一方面，企业负债可按其期限划分为短期负债和长期负债，而我国高科技企业短期负债率偏高，占总负债的4/5以上，长期负债率则偏低，不利于企业开展周期较长的创新活动。从研发资产证券化和可转债的期限来看，仅仅用总资产负债率来反映中小高科技企业的研发信息披露对其债务融资水平的影响是不全面的，需要进一步探讨研发信息披露对其债务期限结构的影响。根据李旭和余璐玥（2011）的测算，我国企业的平均研发周期为4年，本书研发资产证券化债券的设计中，企业向金融中介贷款的期限也应以这一平均研发周期为参考，研发资产证券化债券应被计入长期负债范围。从可转债期限而言，我国目前在市场上流通的可转债期限一般是5—6年，因而可转债也往往被计入长期负债的范畴。因此，要探讨企业的研发信息披露会对研发资产证券化债券和可转债等债务融资契约产生何种影响，在资本市场尚无对应数据的情形下，通过实证检验研发信息披露对企业总资产负债率和债务期限结构（短期负债率和长期负债率）的影响，将为第3章和第4章的债务融资契约设计提供经验证据支持。

基于上述目的，本书以新三板高新技术企业为例，手工搜集2010—2013年报中所披露的研发信息（主要是研发投入强度和研发项目进展信息）样本，检验研发投入和研发项目进展信息会对中小高科技企业债务融资产生的具体影响，研究研发进展信息的披露对研发投入和负债水平之间的关系产生的调节作用，以利于更好地理解前两章的理论模型。

5.1.2 理论分析与研究假设

（1）研发投资对负债融资的影响

首先，金融市场存在摩擦，不完美金融市场中的投资者无法完全识别研发项目的投资价值并对投资风险进行合理评估定价，因而在高新技术型中小企业的研发活动中存在非常严重的信息不对称问题（Aboody 和 Lev，2000）。这种高度信息不对称将导致高新技术型中小企业进行研发投资时不得不更多依赖自有内部资金，从而降低包括直接债务融资在内的外部融资水平。其次，债务融资会产生较高的代理成本，当债权人无法根据足够有效的信息对企业的研发投资活动进行有效监督时，必然要求更高的利率回报，这无疑将降低企业的债务融资水平（Myers 和 Majluf，1984）。再次，研发人员的薪酬占研发支出的相当比例，企业研发创造的是无形资产隐性存在于研发人员人力资本中，当企业投资中包含大量无形且不易观察的诸如研发项目的无形资产时，债务融资的有效性大打折扣（Hall，2010）。最后，由于研发投资大部分形成的是无形资产，在不存在研发投资交易市场时，较差的流动性也会降低研发投资的抵押价值（Shleifer 和 Vishny，1992），而债权人往往更喜欢实物资产比例较高的企业（谢识予等，2007）。Bah 和 Dumontier（2001）的实证研究结果也确实发现相比非研发密集型的企业，研发密集型企业的负债水平明显更低。因此，高新技术型中小企业因研发投入带来的信息不对称、高代理成本、无形资产比较高和抵押价值低等问题，将会降低企业的债务融资水平。由此本章提出假设 5-1：

假设 5-1：中小高科技企业的研发投入强度与企业的负债水平负相关

（2）研发项目进展对负债融资的影响

中小高科技企业的研发活动具有高风险和高度不确定特征，企业内部管理层对研发活动的了解程度要远高于包括债权人之内的外部人（Ahmed 和 Falk，2006）。因此，若企业管理层不对外披露研发项目进展等相关信息，将会向市场中的投资者传递一个坏信号（Dutta 和 Trueman，2002），从而降低债权投资者的积极性。此外，从投资者角度而言，研发活动通常投入较高且持续周期较长，出于投资安全的考虑，债权投资者通常也会迫切要求了解研发投入以及在研项目的进展状况。当债权投资者无法获取企业相关研发信息（包括研发项目进展）而面临更多投资不确定性时，便会要求更高的利率补偿或在后续融资中削减投资额度（Myers 和 Majluf，1984），从而降低企业的债务融资水平。为了解决上述问题，周兰和宋雁群（2011）和姚靠华等（2013）提出，管理层向外界透露更多关于企业研发项目进展的信息，在向处于信息劣势的投资者（包括债权投资者）传递研发项目质量的同时，也可让投资者分担部分研发项目风险。此时投资者不仅对企业研发活动有更详细的了解，还会增强投资信心，这无疑有利于研发项目进展顺利的企业。由上述分析可知，中小高科技企业披露研发项目进展信息，将使债权投资者对企业的研发项目进度有清晰的认识和了解，这种行为将降低投融资双方的信息不对称，从而增强债权投资者对中小高科技企业的投资信心，提高企业的债务融资水平。由此本章提出假设5-2：

假设5-2：中小高科技企业的研发项目进展与企业的负债水平正相关

（3）研发项目进展对研发投入强度和负债融资之间关系的影响

中小高科技企业的管理者向投资者适当披露研发项目信息，可以降低投资者面临的不确定性，增强债权投资者的信心。Dimasi（1995）对36家美国制药企业的新药研发情况进行统计后发现，一项新药品能否研发成功，从本质上而言即具有相当大的不确定性。对于特定的研发项目而言，由于初期阶段的新产品研发成功率要低于后期阶段的产品，因此处于研发初级阶段的产品相较于已处于研发后期的产品具有更大的失败风险。对于新药品研发而言，每当项目进展更加成功时，新药品最终通过批准并投产的概率就会显著增强，此时新药研发的不确定性风险将会大幅度降低，这不仅进一步保证了未来现金流收益，且研发资产抵押的期望价值也越高。Francis等（2003）认为在资本市场释放关于研发进展的信号会降低研发项目未来的投资不确定性。Xu（2006）认为，当研发项目达到一个比早期产品发展阶段更为先进的阶段时，从未来所产生收益的角度而言，将具有更低的不确定性。这种不确定性随研发进展信息的披露而降低的程度，与随研发过程而不断增长的产品研发成功率是成比例的。这种研发项目生命周期中所蕴含的不确定性的变化模式，将为资本市场提供参考。Jones（2007）研究了研发相关信息与企业自愿披露之间的关系，发现关于研发项目发展阶段信息的披露水平越高，则分析师对下一年的销售预测误差越小；在研研发项目和研发发展阶段的信息披露水平越高，则分析师下一年的盈利预测误差越小，说明研发项目进展信息的披露降低了研发项目的不确定性。姚靠华等（2013）以我国创业板高新技术企业为研究样本，发现研发投入和研发项目进展与系统性风险相关，研发项目进展越顺利的企业，其研发投入与衡量系统性风险的股价波动之间的正相关关系越弱，即研发项目不断深入进展时，投资者对企业研发投资的信心也会增强。从上述分析可以得知，虽然企业加大研发投入会降低债权投资者的积极性，降低企业的负债融资水平，但是当管理层披露更详细的研发项目进展信息时，外部债权投资者在了解项目进展顺利而不确定性降低的情形下，将提升投资信心，此时企业的债务融资水平将会提高。综上所述，本章提出了如下假设：

假设 5-3：研发项目进展对研发投入强度与企业负债水平之间的负相关关系具有负向调节作用，即其他条件不变情况下，研发项目进展越成功，则研发投入强度与企业负债水平之间的负相关程度越弱。

为了更清晰地展示本章经验研究部分的逻辑假设，上述各假设之间的逻辑关系和变量之间的符号如图 5-1 所示。

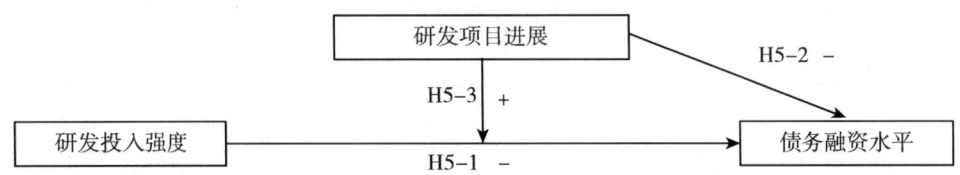

图 5-1　经验研究中各假设之间的逻辑关系

5.2　经验研究设计

5.2.1　样本选择与数据来源

本书选择 2013 年 12 月 31 日前在全国中小企业股份转让系统（即新三板）挂牌且披露了 2010—2013 年研发信息并获得高新技术企业认证证书的企业作为研究对象。之所以选择 2013 年 12 月 31 日之前挂牌的企业，主要是因为本书以高新技术型中小企业作为研究对象，而我国国务院于 2013 年 12 月 14 日公布的《关于全国中小企业股份转让系统有关问题的决定》中明确提出只要我国境内符合条件的股份公司均可在新三板挂牌，实际上将新三板扩容至全国范围，而扩容之后有相当部分并非高新技术型中小企业。

研发信息披露的相关数据是本书主要研究变量。因此，如何界定和选取披露的研发信息是关键。国外主要以财务报告中的描述性内容来研究研发信息披露问题，如 Botosan（1997）从当前和未来支出信息、投入、产出、会计和预算信息以及战略等五个方面计算信息披露得分以衡量研发信息披露质量；Jones（2007）则认为企业研发信息披露应该包括当前和未来研发支出、在研项目内容以及在研项目进展等三个方面。与国外研究不同，我国关于研发信息披露的研究目前仍处于起步阶段，相关研究并不多。王小荣和卜伟（2008）以沪深两市高科技上市公司的研发支出披露情况为研究对象，发现高科技类上市公司的研发信息披露存在披露比例低、连续性差以及信息质量不高等问题。韩鹏和彭韶兵（2012）从定性和定量两方面，构建内部和外部环境披露指标、投入产出和成长性指标，研究了创业板上市公司研发信息披露质量。根据国内现有研究成果可知，我国高新技术企业披露研发信息并不规范和完整，而 2013 年 2 月开始执行的《全国中小企业股份转让系统挂牌公司信息披露细则（试行）》也并未强制新三板挂牌企业披露研发信息，企业研发信息的披露属于自愿披露，数据并不全面。另一方面，第 3 章资产证券化融资契约设计的一个关键因素在于资产质量信息即违约状况的披露，而资产是否违约取决于长期投资的研发项目是否能够产生足够现金流，也即研发项目进展是否达到成功并投产。第 4 章中可转债融资契约中投融资双方决策取决于事中信息披露，即研发项目投入和进展信息。从理论模型角度而言，研发信息披露对投融资决策至关重要，能够影响企业的负债水平。因此，考虑到我国新三板企业信息披露的现实情形和研究需要，结合国内外关于研发信息披露的相关研究，本书选择研发投入强度以及在研项目进展作为衡量研发信息披露的研究变量。

本书研发投入强度和公司负债数据来自于 Wind 资讯金融终端数据库，项目进展数据通过手工查阅巨灵财经金融服务平台所披露的新三板公司年报获得。除此之外，其他财务数据均来自于 Wind 资讯金融终端数据库。通过对数据的整理并剔除 R&D 费用数据和 R&D 项目进展数据缺失的样本后，共得到 256 个同时披露了 R&D 项目进展和 R&D 费用数据的非平衡面板数据样本。其中，2010 年 26 个研究样本，2011 年 40 个，2012 年 87 个，2013 年为 103 个研究样本。

5.2.2 变量定义

（1）因变量

①总体负债水平（Lev）。本书旨在揭示研发信息披露，包括研发投入强度和研发项目进展对企业债务融资的影响。一般而言，企业进行债务融资主要体现在企业的总资产负债率上，因此本书借鉴 Bah 和 Dumontier（2001）、李增泉等（2008）等人的研究，引入总资产负债率 = 企业负债总额/期末资产总额来度量公司的债务融资水平。

②债务期限结构（$Ldt\&Sdt$）。企业负债可按负债期限划分为短期负债和长期负债。本书引入短期负债率（Sdt）=短期负债/总负债和长期负债率（Ldt）=长期负债/总负债来度量公司的债务期限结构。

（2）自变量

①研发投入强度（Rdr）。目前关于企业创新研发的研究对研发投入强度有不同的定义。Wu 和 Tu（2007）在研究中采用企业的人均研发支出来衡量企业的创新研发投入强度；而 Bah 和 Dumontier（2001）等以企业研发支出占销售收入比重来衡量企业研发投入强度。目前国内关于研发投入的研究中，大都采用研发支出费用占营业收入的比重来度量公司的研发投入（陈守明等，2012），本书同样沿用国内的通行做法。

②研发项目进展（$Fir\&Sec$）。我国学者姚靠华等（2013）在研究创业板高科技企业的研发问题时，将研发项目进展分第一阶段和第二阶段进行统计处理。本书借鉴姚靠华等（2013）的处理方式，将研发项目是否已经进入批量制造生产和市场应用作为区分标准，将研发项目进展信息按两大类进行分组处理。其中第一类指的是在年报里出现研究、设计、样本制造或样本试制阶段等关键词的项目，计算该年出现第一类关键词的项目总数量，记为 Fir；第二类是指在年报中出现小批量、大批量生产、市场推广或应用阶段等关键词的项目，计算该年出现第二类关键词的项目总数量，记为 Sec。显然，处于 Sec 阶段的项目，其研发项目进展更为顺利；Sec 阶段的项目数量越多，则研发项目更为成功。

（3）控制变量

①企业规模（$Size$）。Scherr 等（1993）认为，大企业由于信息更为透明，因而与小企业相比能够获得外部债务融资。Mac 等（2010）认为，大企业一般具有更高的多样化经营水平，破产的可能性相对较低，因此大企业应该具有更高的负债率。所以本书以当年总资产的对数作为衡量企业规模的指标。

②企业年龄（Age）。Arikawa（2011）认为新成立企业为了提升竞争力，更有可能进行研发投资，企业年龄及规模等因素将会对企业产生融资约束，从而影响企业的负债融资能力。本书以样本所在年份与企业成立年份的差作为衡量企业年龄的指标。

③公司业绩（Roa）。Hovakimian 等（2004）以资产收益率作为盈利指标研究资本结构的决定因素时发现，ROA 与企业负债率之间存在负相关关系。因此，本书也采用资产收益率=息税前净利润/总资产作为衡量企业业绩的指标。

④总资产增长率（Tagr）。Titman 和 Wessels（1988）采用总资产增长率作为成长性指标，发现总资产增长率与企业负债水平负相关。因此，本书选择总资产增长率=（年末资产总额－年初资产总额）/年初资产总额作为衡量企业成长性的指标。

⑤固定资产比例（Fixar）。Hogan 和 Hutson（2005）均发现内部资金不足且缺乏可抵押固定资产的高成长企业较少反对放弃控制权，以寻求新投资者的权益融资，从而降低负债率。因此，本书将固定资产占总资产的比例作为控制变量。

⑥年度（Year）和行业（Industry）。年度和行业变量均为虚拟变量。若为该年度（行业），则取值为1，否则为0，其中行业按照证监会公布的各公司所属的一级行业标准来进行分类。上述研究变量的具体定义如表5-1所示。

表5-1 变量定义

变量类型	变量名称	变量符号	变量定义
因变量	资产负债率	Lev	公司总负债/总资产
	短期负债比例	Sdt	短期负债/总负债
	长期负债比例	Ldt	长期负债/总负债
自变量	研发投入强度	Rdr	研发支出费用/营业收入
	第一类研发项目总数	Fir	处于研究阶段、设计阶段、样本制造阶段的研发项目
	第二类研发项目总数	Sec	处于小批量生产、大批量生产、市场推广应用阶段的研发项目
控制变量	公司规模	Size	公司总资产取自然对数
	公司年龄	Age	样本所处年份减去公司挂牌年份
	公司业绩	Roa	息税前净利润/总资产
	总资产增长率	Tagr	（年末资产总额－年初资产总额）/年初资产总额
	固定资产比例	Fixar	固定资产总额/总资产
	年度	Year	年度虚拟变量
	行业	Industry	行业虚拟变量
	研发投入强度	Rdr	研发支出费用/营业收入
	第一类研发项目总数	Fir	处于研究阶段、设计阶段、样本制造阶段的研发项目

5.2.3 计量模型

一般而言，在持续经营情况下，企业会在会计分期基础上按会计年度编制和实施投融资及经营预算，为此本书将企业过去的经营对后期经营的影响抽象表述为滞后一期（第 t-1 期）对当期（第 t 期）的影响，以因变量 Lev 为例，设计回归模型设计如下：

$$Lev_t = \beta_0 + \beta_1 Rdr_{t-1} + \beta_2 Fir_{t-1} + \beta_3 Sec_{t-1} + \beta_4 Rdr_{t-1} \cdot Fir_{t-1} + \beta_5 Rdr_{t-1} \cdot Sec_{t-1}$$
$$+ \beta_6 Size_t + \beta_7 Age_t + \beta_8 Roa_t + \beta_9 Tagr_t + \beta_{10} Fixar_t + \varepsilon Year + \eta Industry + \xi$$

(5-1)

因变量 Sdt 和 Ldt 的回归模型以此类推。根据上文研究假设，本章预期回归系数 β_1 的符号显著为负，支持本书的假设 5-1；β_2 和 β_3 的符号显著为正，支持本章的假设 5-2；若 β_4 和 β_5 符号显著为正，则说明在其他条件不变的情形下，研发项目进展信息的披露将会弱化研发投入强度与企业债务融资水平之间的负相关关系，从而支持假设 5-3。

本书采用分层回归模型来说明研发投入强度与债务融资水平之间的关系，并检验研发项目进展对上述关系的调节作用。具体而言，第一层次的回归放入影响企业负债水平的因素作为控制变量，以考察这些因素对于公司负债水平的综合解释力；第二层回归中进一步引入 Rdr_{t-1}，Fir_{t-1} 和 Sec_{t-1}，在控制其他变量影响的基础上，检验研发投入强度和研发项目进展是否显著影响公司负债水平，并观察 R^2 的变化量 ΔR^2 来检验上述变量是否显著增强了回归模型的解释力；第三层次的回归中，加入 Rdr_{t-1} 分别与 Fir_{t-1} 和 Sec_{t-1} 相乘所得到的交乘项，然后对 ΔR^2 进行显著性检验，以此来判断加入交乘项是否能够增强模型的解释力，从而观察到研发项目进展是否产生了显著的调节作用。

5.3 经验结果分析

5.3.1 描述性统计分析

主要变量的描述性统计如表 5-2 所示。从描述性统计结果可以看出，我国新三板高科技企业的平均负债率为 35.4%，而 2010—2014 年我国 A 股市场上市公司的平均负债水平为 45.05%[①]，可见新三板高科技企业的债务融资水平要远低于主板和二板市场；从债务期限结构来看，新三板高科技企业主要以短期负债为主，短期负债占总负债的平均比例高达 94.1%，而长期负债占总负债的平均比例仅为 17.9%，根据债务期限结构理论（Flannery, 1986），这说明新三板高科技企业质量的信息不对称程度非常严重，企业面临很高的财务困境风险；从研发投入强度来看，Rdr 均值为 7.40%，中位数为 5.20%，而根据 Hall 和 Oriani（2006）对发达国家企业研发投入强度的统计数据显示，美、德、法、英国的企业平均研发投入分别为 4.9%、4.5%、4.2% 和 2.9%，说明我国新三板高科技企业的平均研发投入强度要远高于西方发达国家。

表 5-2　　　　　　　　　主要变量的描述性统计分析

变量	最小值	最大值	平均值	中位数	标准差	1/4 分位数	3/4 分位数
Lev	0.021	1.141	0.354	0.354	0.193	0.198	0.483
Sdt	0.002	1.015	0.941	1.000	0.148	0.969	1.000
Ldt	0.000	0.998	0.179	0.089	0.214	0.030	0.245
Rdr	0.000	0.361	0.074	0.052	0.068	0.027	0.098
Fir	0.000	51.000	2.820	2.000	4.720	0.500	3.500
Sec	0.000	19.000	1.965	1.000	2.445	0.000	3.000
$Size$	15.571	21.756	17.838	17.846	1.124	17.106	18.535
Age	2.000	21.000	9.870	9.000	3.515	7.000	12.000
Roa	-0.560	0.636	0.100	0.105	0.130	0.032	0.175
$Tagr$	-0.487	2.860	0.345	0.213	0.499	0.041	0.481
$Fixar$	0.000	0.675	0.099	0.062	0.109	0.024	0.136

从上述统计数据可知，新三板高科技企业的平均研发投入强度不仅远高于西方主要发达国家，也远高于我国主板市场的大中型工业企业。不仅如此，即使与强调创新的创业板企业相比，新三板高科技企业的平均研发投入强度也要高 0.67 个百分点。此外，新三板高科技企业的研发投入强度标准差达到 0.068，说明新三板高科技企业间的研发投入水平差异较大。从项目进展数据来看，披

[①] 数据来源：根据 Wind 资讯金融终端数据库整理而来。数据计算过程中已按证监会一级行业进行分类，并剔除了金融类公司样本。

露了研发项目进展信息的新三板挂牌企业，处于第一阶段的平均项目数量为 2.82 个，标准差为 4.72 个；处于第二阶段的平均项目数量为 1.965 个，而标准差为 2.445 个，说明处于第一阶段的新三板高科技企业研发项目较多，但是不同企业间的研发项目进展差异较大。

此外，从控制变量来看，变量 $Size$ 的标准差为 1.124，说明新三板挂牌企业的公司规模差别不大；公司年龄最小值为 2 年，均值为 9.87 年，中位数为 9 年，说明新三板不仅包含初创期高新技术企业，也有相当一部分处于更高阶段的高速成长期；总资产收益率 Roa 均值为 10%，而总资产增长率 $Tagr$ 均值为 34.5%，说明大部分新三板高科技企业成长性较高；从固定资产比例 $Fixar$ 来看，该变量均值为 9.9%，标准差为 10.9%，说明新三板高科技企业固定资产占比较少，主要为无形资产。

5.3.2 相关性分析

本章计算了各主要变量之间的 Pearson 和 Spearman 相关系数，结果如表 5-3 所示。

表 5-3　　　　　　　　主要变量之间的相关性

变量	Lev	Rdr	Fir	Sec	$Size$	Age	Roa	$Tagr$	$Fixar$
Lev	1.000	-0.303***	0.041	0.130*	0.364***	0.021	0.010	0.374***	-0.033
Rdr	-0.112***	1.000	-0.004	0.193**	-0.322***	0.021	0.161*	-0.138	-0.103
Fir	0.084	-0.004	1.000	-0.435***	0.077	0.050	-0.041	-0.054	-0.044
Sec	0.098*	0.151*	-0.044	1.000	0.037	-0.140	0.079	-0.127	-0.044
$Size$	0.231***	-0.446***	0.184**	0.015	1.000	0.252***	0.252***	0.096	0.174*
Age	0.038	-0.141*	0.015	-0.102	0.341***	1.000	-0.013	-0.204**	0.072
Roa	-0.160***	-0.064	-0.034	0.096	0.117*	-0.041	1.000	0.499***	-0.096
$Tagr$	0.012	-0.039	0.041	-0.163**	-0.055*	-0.251***	0.255***	1.000	-0.133
$Fixar$	0.038	-0.076**	-0.055	-0.104	0.142	0.046*	-0.069*	-0.110**	1.000

注：(1) 表中左下角为 Pearson 相关系数，右上角为 Spearman 相关系数；(2) *、** 和 *** 分别表示 10%、5% 和 1% 显著水平。

从表中数据可看出：①两种相关系数均显示，新三板挂牌企业的研发投入强度与负债水平之间在 1% 的统计水平上显著负相关，其中 Pearson 相关系数的 P 值为 0.0005，Spearman 相关系数的 P 值为 0.001。研发投入强度与负债水平之间的负相关关系可能说明研发投入水平越高的企业，会限制其债务融资水平；②Pearson 相关系数和 Spearman 相关系数均显示，处于第一阶段的研发项目数量 Fir 与企业负债率之间虽然呈正的相关性，但是并不显著。处于第二阶段的研发项目数量 Sec 与 Lev 之间在 10% 的统计水平上呈显著正相关关系，其 Pearson 和 Spearman 相关系数的 P 值分别为 0.077 和 0.099，该结果可能说明研发项目进展越顺利的新三板企业，越有可能获得债权投资者的青睐，从而提高债务融资水平；③表中各变量之间的 Pearson 相关系数和 Spearman 相关系数均不高，尤其是自变量 Rdr 与 Fir、Rdr 与 Sec、Fir 与 Sec 之间的相关系数均较低，表明本书研究的变量之间不存在多重共线性问题。

5.3.3　回归结果分析

（1）研发信息披露对总体负债水平的影响

模型（5-1）的分层回归结果如表 5-4 所示。一般而言，对面板数据的处理主要运用混合最小二乘法、固定效应或随机效应模型。本书的 Hausman 检验结果显示，样本个体差异在 1% 的统计水平上显著不为 0（P=0.006），因此本书选择使用固定效应模型进行回归分析（栏目 A）[①]。此外，由于国内外关于研发信息披露的相关研究大多基于横截面数据进行回归分析，为了与前人研究进行对比，本书同时报告了混合最小二乘回归结果（栏目 B）。

表 5-4 中所有方程的 F 值均在 1% 的统计水平上显著，说明不管是固定效应模型还是混合最小二乘法模型，整体效果均显著；从所有回归模型的调整 R^2 来看，研发投入强度对公司债务融资水平具有较强的解释力。为了检验分层回归中新加入的变量是否明显提高了回归模型的解释力，本书对新加入变量所带来的 ΔR^2 做了 F 检验，发现每层回归中新加入变量之后，模型的 R^2 变化均显著。具体地，栏目 A 的固定效应回归（2）、回归（3）和回归（4）中，Rdr_{-1} 系数均在 10% 的统计水平上显著为负，而在混合最小二乘回归（6）和回归（8）中 Rdr_{-1} 系数在 5% 统计水平上显著为负，回归（7）中的 Rdr_{-1} 系数则在 10% 的统计水平上显著为负。此结果说明随着企业研发投入强度的提高，企业后期的债务融资水平会下降。该结论支持了假设 6-1。新三板高科技企业披露出的加大研

[①]　固定效应回归中的 Adj-R^2 是组内 R^2，由于固定效应中 Industry 变量均被遗弃，因此 Industry 变量栏并未显示√。

发投入的信息会传导至债权投资者,而高研发投入所带来的高风险问题会影响企业通过债务融资缓解融资难。如何缓解研发投入强度过高对债务融资能力的影响,需要进一步解决债权投资者对研发项目信息劣势,降低其投资风险。为此,接下来本书将引入滞后一期的研发项目进展变量 Fir_{-1} 和 Sec_{-1} 做进一步分析。

表5-4 研发信息披露对总资产负债率影响的回归结果

变量		栏目A: Fixed Effects				栏目B: Pooled OLS			
		回归(1)	回归(2)	回归(3)	回归(4)	回归(5)	回归(6)	回归(7)	回归(8)
自变量	Rdr_{-1}		-0.181* (-1.79)	-0.387* (-1.80)	-0.254* (-1.82)		-0.420** (-2.12)	-0.396** (-1.99)	-0.022** (-2.07)
	Fir_{-1}		0.013 (1.22)	0.002 (0.12)			0.010 (1.30)		0.012* (1.73)
	Sec_{-1}		0.014* (1.75)		0.032* (1.71)		0.018** (1.99)		0.021** (2.03)
	$Rdr_{-1} \times Fir_{-1}$			0.085 (0.69)				0.005 (1.15)	
	$Rdr_{-1} \times Sec_{-1}$				0.365* (1.90)				0.111* (1.70)
控制变量	$Size$	0.105*** (3.21)	0.009 (0.17)	-0.019 (-0.25)	0.028 (0.36)	0.068*** (6.78)	0.054*** (4.20)	0.058*** (4.40)	0.067*** (5.43)
	Age	-0.015 (-1.35)	0.026 (1.56)	0.037* (2.00)	0.026 (1.39)	-0.001 (-0.28)	-0.001 (-0.26)	-0.002 (-0.46)	-0.001 (-0.22)
	Roa	-0.340*** (-2.72)	-0.249* (-1.64)	-0.422* (-1.89)	-0.565** (-2.48)	-0.332*** (-3.76)	-0.372*** (-3.40)	-0.378*** (-3.44)	-0.295* (-1.65)
	$Tagr$	-0.035* (-1.80)	-0.078*** (-3.34)	-0.018 (-0.75)	-0.015 (-0.62)	-0.076*** (-3.25)	-0.110*** (3.77)	-0.105*** (-3.55)	-0.143*** (-2.89)
	$Fixar$	0.073 (0.34)	0.098 (0.51)	0.418* (2.06)	0.494** (2.50)	0.115 (1.16)	0.127 (1.10)	0.136 (1.19)	0.015 (0.08)
	_cons	-1.334** (-2.54)	-0.060 (-0.07)	0.371 (0.28)	-0.255 (-0.19)	-0.889*** (-5.05)	-0.612*** (-2.72)	-0.669*** (-2.94)	-0.953*** (-4.43)
	Year	√	√	√	√	√	√	√	√
	Industry					√	√	√	√

续表

变量	栏目A: Fixed Effects				栏目B: Pooled OLS			
	回归(1)	回归(2)	回归(3)	回归(4)	回归(5)	回归(6)	回归(7)	回归(8)
N	253	175	175	175	253	175	175	175
F	5.05***	7.52***	14.14***	15.41***	9.91***	7.43***	6.18***	6.53***
$Adj - R^2$	0.200	0.330	0.549	0.643	0.245	0.264	0.274	0.372
ΔR^2		0.130	0.219	0.094		0.019	0.010	0.098
ΔR^2 的 F 检验		3.21*	3.11*	4.84**		4.47**	3.15*	4.21**

注：（1）*、**、*** 分别表示双尾检验 10%、5% 和 1% 的显著性水平；（2）括号内为使用 White（1980）方法调整异方差之后的 t 值；（3）固定效应回归中的 $Adj - R^2$ 是组内 R^2。

将反映研发项目进展的变量 Fir_{-1} 和 Sec_{-1} 引入到回归（3）和回归（7）中可发现回归方程仍然在 1% 的置信水平上显著，而 R^2 的变化也是显著的（回归 3 中 $\Delta R^2 = 0.219$，$P < 0.1$；回归 7 中 $\Delta R^2 = 0.01$，$P < 0.1$），说明加入 Fir_{-1} 和 Sec_{-1} 之后回归模型的解释力显著增强。从 Fir_{-1} 和 Sec_{-1} 的系数来看，回归（3）和回归（7）中 Fir_{-1} 的回归系数虽然并未达到传统上 10% 的显著性水平，但是该系数均为正且 t 值分别为 1.22 和 1.3，这可能是因为处于第一阶段即研发初期的研发项目仍然充满不确定性和较大风险，因此对促进企业提升债务融资水平并不明显；而 Sec_{-1} 的回归系数则均在 10% 的统计水平上显著为正，说明处于第二阶段的研发项目越多，越能促进债务融资。该结果基本可认为研发项目进展与负债水平正相关，说明企业披露的处于量产上市阶段的研发项目数量越多，研发项目进展越成功，因研发所带来的信息不对称和投资风险越小，此信息传递给债权投资者将越有利于企业提升债务融资水平。该结论验证了假设 5 - 2。企业披露更多关于研发项目的信息，接近成功的研发项目越多，将会减弱债权投资者的信息劣势，降低投资者风险，有利于企业提升债务融资水平。

更进一步地，回归（4）和回归（8）中引入交乘项 $Rdr_{-1} \times Fir_{-1}$ 和 $Rdr_{-1} \times Sec_{-1}$，用以检验研发项目进展对研发投入强度和债务融资水平之间关系的调节作用。结果表明，回归（4）和回归（8）中 $Rdr_{-1} \times Fir_{-1}$ 的系数均不显著，但是 $Rdr_{-1} \times Sec_{-1}$ 的系数均在 10% 的统计水平上显著为正 [回归（4）中 $\beta = 0.365$，$P < 0.1$；回归 8 中 $\beta = 0.111$，$P < 0.1$]，说明第二阶段（即进入批量生产或市场推广阶段）项目数量会影响研发投入强度与当期负债率之间的关系。具体表现为滞后一期的第二阶段项目数量会弱化滞后一期的研发投入强度与

当期负债率之间负相关关系，Sec_{-1}能够对研发投入强度和负债水平之间的负相关关系起到显著的负向调节作用。回归（4）和回归（8）的结果基本支持了假设5-3。

上述结果表明，其他条件相同时企业披露的研发项目进展情况越顺利，接近于产品成功投产上市的研发项目越多，则研发投资的高风险问题对债务融资带来的负面影响将会越弱。同时，由于产品的研制成功并投产上市，因无形资产占比过高带来的企业难以获取债务融资的情况也会有所改观，债权投资者将会更愿意投资研发项目进展顺利的企业，从而提升企业债务融资水平。此外，从控制变量的回归系数来看，基本与前人研究结论一致，即企业规模（$Size$）、企业年龄（Age）和固定资产比例（$Fixar$）与企业负债率正相关；而 ROA 和总资产增长率（$Tagr$）与企业负债水平负相关。

（2）研发信息披露对短期负债水平和长期负债水平的影响

虽然上文针对研发信息披露对企业总资产负债率的影响进行了实证检验，但是仅仅用总资产负债率来反映中小高科技企业的债务融资水平是不全面的。企业负债按债务期限可划分为短期和长期债务，根据债务期限结构理论（Flannery，1986），企业的债务期限结构反映信息不对称程度，若能发现研发信息披露这一降低信息不对称的行为能够增加长期负债的证据，则能进一步说明关键信息的披露将会提高长期债权投资者的投资积极性，有利于中小高科技企业发行研发资产证券化债券和可转债等长期债务融资契约，也将为本书第3和第4章的契约设计提供支持，因而本书将以短期负债率和长期负债率作为因变量，进一步探讨研发信息披露对中小高科技企业债务期限结构的影响。

表5-5为研发信息披露分别对短期负债率和长期负债率影响的固定效应回归结果①。结果显示，除了回归（1）的 F 值在 1% 的统计水平上显著，其他回归方程的 F 值均在 5% 的统计水平上显著，说明整体效果均比较显著；从所有回归模型的调整 R^2 来看，各回归方程均具有较强的解释力，但是对各方程的 ΔR^2 进行 F 检验的结果却显示，回归（1）和回归（2）并不显著，说明新加入变量并未增强方程的解释力；而回归（3）和回归（4）中新加入变量之后，均在 10% 的最低显著性水平上提高了回归模型的解释力。

---

① 因篇幅有限，本书并未像表6-4一样报告 Pooled OLS 回归结果，仅分别以 Sdr 和 Ldr 作为因变量报告 Fixed effect 回归结果。

表 5-5　　研发信息披露对短期负债和长期负债影响的回归结果

变量		Sdr		Ldr	
		回归（1）	回归（2）	回归（3）	回归（4）
自变量	Rdr_{-1}	-0.161** (2.02)	-0.138** (2.16)	-0.514* (-1.71)	-0.268* (-1.80)
	Fir_{-1}	0.002 (1.16)	0.002 (0.74)	0.003 (0.79)	-0.001 (0.32)
	Sec_{-1}	0.008 (0.85)	0.011 (0.67)	0.026* (1.73)	0.018* (1.91)
	$Rdr_{-1} \times Fir_{-1}$		0.016 (0.45)		0.117 (0.74)
	$Rdr_{-1} \times Sec_{-1}$		0.042 (1.56)		0.037* (1.84)
控制变量	Size	0.010 (0.80)	0.010 (0.83)	0.119** (2.43)	0.211** (2.49)
	Age	0.003 (0.73)	0.002 (0.64)	0.005 (0.60)	0.006 (0.67)
	Roa	-0.184** (-1.99)	-0.183* (-1.92)	-0.026 (-0.14)	-0.003 (-0.01)
	Tagr	0.010 (0.40)	0.011 (0.046)	-0.047 (-0.89)	-0.050 (-0.94)
	Fixar	-0.283*** (-2.96)	-0.276*** (-2.85)	0.208 (1.13)	0.203 (1.07)
	_cons	1.105*** (5.31)	1.123*** (5.33)	0.347** (1.84)	0.358** (1.85)
	Year	√	√	√	√
	Industry				
N		253	175	253	175
F		9.68***	2.25**	2.72***	2.65***
$Adj-R^2$		0.091	0.145	0.116	0.129
ΔR^2		0.001	0.004	0.010	0.013
ΔR^2 的 F 检验		1.09	1.25	2.65*	3.75*

注：（1）*、**、*** 分别表示双尾检验10%、5%和1%的显著性水平；（2）括号内为使用 White（1980）方法调整异方差之后的 t 值；（3）回归中的 $Adj-R^2$ 是组内 R^2。

具体地，固定效应回归（1）和回归（2）中，Rdr_{-1}系数均在5%的统计水平上显著为负，而在回归（3）和回归（4）中Rdr_{-1}系数在10%统计水平上显著为负，说明企业研发投入强度会对短期负债和长期负债产生负面影响，且对短期负债的负面影响更为严重。该结论进一步支持了假设5-1。短期债务因具有到期的还本付息效应，新三板高科技企业披露更高的研发投入信息将会向债权投资者传递更大的风险和不确定性信号，因而会降低短期债务投资者的投资积极性；长期债务融资则因期限较长，到期效应问题较轻，因而研发投入对其影响相对较小。从反映研发项目进展信息的Fir_{-1}和Sec_{-1}的系数来看，回归（1）和回归（2）中两个变量的回归系数均不显著，说明研发项目进展信息对促进企业提升短期债务融资水平并不明显；回归（3）和回归（4）中Fir_{-1}的回归系数不显著，但是Sec_{-1}的回归系数均在10%的统计水平上显著为正（回归3中$\beta = 0.026$，$t=1.73$；回归3中$\beta = 0.018$，$t=1.91$），说明研发项目进展越顺利，则越能促进企业进行长期债务融资，该结果部分验证了假设5-2。

为了观察企业披露的研发项目进展信息是否能够缓解研发投入过高的信息对债务融资的消极影响，回归（2）和回归（4）引入滞后一期的研发项目进展变量Fir_{-1}和Sec_{-1}分别与研发投入强度的交乘项$Rdr_{-1} \times Fir_{-1}$和$Rdr_{-1} \times Sec_{-1}$做进一步的回归分析。结果表明，虽然回归（2）中的回归方程仍然在1%的置信水平上显著，但是新引入的变量却并未增强回归模型的解释力（回归2中$\Delta R^2 = 0.001$，$P > 0.1$）；而回归（4）的回归方程不仅在1%的统计水平上显著，且引入$Rdr_{-1} \times Fir_{-1}$和$Rdr_{-1} \times Sec_{-1}$后R^2的变化也是显著的（回归4中$\Delta R^2 = 0.013$，$P < 0.1$），说明加入交乘项之后回归模型的解释力显著增强。从$Rdr_{-1} \times Fir_{-1}$和$Rdr_{-1} \times Sec_{-1}$的系数来看，虽然回归（4）中$Rdr_{-1} \times Fir_{-1}$的回归系数并不显著，但是$Rdr_{-1} \times Sec_{-1}$的系数为正且具有10%的显著性水平（$t = 1.84$）这一结果说明处于第二阶段（即进入批量生产或市场推广阶段）的研发项目数量会降低研发投入强度对企业长期负债的消极影响。回归（4）结果基本部分支持了假设6-3。

上述结果表明，其他条件相同的情况下，企业研发项目进展越顺利，接近于产品成功投产上市的研发项目越多，则越能吸引长期债权投资者，从而提高企业长期负债比例，这将有利于企业通过发行研发资产证券化债券和可转债等长期债务进行融资。

5.3.4 内生性问题及稳健性检验

(1) 内生性问题

David 等 (2008) 认为，研发资产的专用性、研发投资的不确定性和弱专属性 (Weak Appropriability) 使得研发活动难以获得债务融资。Belin 等 (2009) 也发现研发投入强度增大会带来较低的银行债务或资产负债率，同时在整体债务中银行贷款占比也会随之下降。Arikawa 等 (2011) 发现进一步提高高杠杆企业的负债率会降低其研发投入水平，而对于低负债公司而言，债务融资对研发的负面影响并不明显。

上述研究说明，企业的研发投入与债务融资之间可以相互影响，因此存在内生性问题。虽然本书在模型设定时参照 Hirukawa 和 Ueda (2011) 处理机构投资者持股比例与企业研发投入水平之间内生性问题时所采用的解决办法，用滞后一期的研发投入强度来对内生性问题进行处理，但是由于本书的研究期限较短，且许多公司未披露研发研发和项目进展数据，出现大量缺失值，对回归结果的稳健性有一定影响。因此本书构建了由模型 (5-2) 和 (5-3) 构成的联立方程进行稳健性检验。

$$\begin{cases} Lev_t = \beta_0 + \beta_1 Rdr_{t-1} + \beta_2 Fir_{t-1} + \beta_3 Sec_{t-1} + \phi_1 Size_t + \phi_2 Age_t + \phi_3 Roa_t + \\ \qquad \phi_4 Fixar_t + \phi_5 Tagr_t + \varepsilon Year + \eta Industry + \xi \qquad (5-2) \\ Rdr_t = \alpha_0 + \alpha_1 Lev_{t-1} + \alpha_2 Fir_{t-1} + \alpha_3 Sec_{t-1} + \varphi_1 Size_t + \varphi_2 Age_t + \varphi_3 Roa_t \\ \qquad + \varphi_4 Fixar_t + \varphi_5 Hr_t + \varphi_6 Bacr_t + \varepsilon Year + \eta Industry + \eta \qquad (5-3) \end{cases}$$

上述联立方程中，模型 (5-2) 根据企业负债水平的影响因素选择 $Size$、Age、Roa、$Fixar$ 和 $Tagr$ 作为控制变量。Teixeira 和 Fortuna (2010) 认为研发活动的一个基本条件便是研发人力资本的储备。Mukherjee 等 (2014) 认为企业可以很容易降低其研发投入，但是在创新研发过程中所积累的劳动、知识以及技能需要较长时间。因此，研发人员作为实施创新劳动、掌握研发知识和相关技能的主体，是决定研发投入水平的重要因素，但是研发人员并不会对企业负债率产生直接影响。因此，本书手工搜集研发或技术人员占总员工的比例 Hr 和本科以上人员占总员工比例 $Bacr$ 作为 Rdr 的工具变量。模型 (5-3) 根据 Rdr 的影响因素选择 $Size$、Age、Roa、$Fixar$、Hr 和 $Bacr$ 作为控制变量，其中 $Year$ 为年度虚拟变量，$Industry$ 为行业虚拟变量，ξ 和 η 为残差项。

本书在控制可能存在的内生性问题的基础上，运用两阶段最小二乘法（2SLS）和三阶段最小二乘法（3SLS）方法进行估计。2SLS 和 3SLS 估计结果如表 5-6 所示，其中栏目 A 和栏目 B 分别的是列示 2SLS 回归和 3SLS 回归结果。

表 5-6　R&D 投入强度与企业负债水平之间的 2SLS 和 3SLS 回归结果

变量	栏目 A：2SLS 回归结果		栏目 B：3SLS 回归结果	
	回归（1）	回归（2）	回归（3）	回归（4）
因变量	Lev	Rdr	Lev	Rdr
Rdr_{-1}	-0.579* (-1.69)		-0.942** (-2.10)	
Lev_{-1}		-0.066** (-1.96)		-0.082*** (-2.66)
Fir_{-1}	0.009 (0.84)	0.002 (0.53)	0.010 (0.90)	0.003 (1.00)
Sec_{-1}	0.011* (1.65)	0.001 (1.18)	0.015 (1.61)	0.003 (0.89)
$Size$	0.064*** (3.31)	-0.009 (-1.54)	0.057*** (3.36)	-0.008 (-1.62)
Age	0.006 (1.04)	0.001 (0.35)	0.007 (1.33)	0.001 (0.72)
Roa	-0.506** (-2.36)	0.014 (0.26)	-0.475** (-2.50)	0.024 (0.51)
$Fixar$	0.007 (0.03)	-0.051 (-0.96)	-0.046 (-0.27)	-0.046 (-1.02)
$Tagr$	-0.186*** (-3.23)		-0.194*** (-3.84)	
Hr		0.118** (2.48)		0.082** (2.07)
$Bacr$		0.035* (1.88)		0.103 (0.38)
_cons	-0.871** (-2.49)	0.218** (2.18)	-0.749** (-2.43)	0.196** (2.32)
R^2	0.335	0.339	0.343	0.337
F	4.10***	3.64***		
Chi2			44.56***	42.17***
N	169	169	169	169

注：(1) *、**、*** 分别表示双尾检验 10%、5% 和 1% 的显著性水平；(2) 括号内为使用 White（1980）方法调整异方差之后的 t 值。

虽然 2SLS 是单方程估计方法，属有限信息方法，但在运用 2SLS 时，只要工具变量在单个方程中属于外生变量，仍然可得到该方法的一致估计。相反，若怀疑工具变量的外生性，那么 2SLS 估计就可以将弱工具变量限定在特定方程中，以降低其影响。Larcker 和 Rusticus（2010）认为一般联立方程模型需要报告 2SLS 估计结果。因此，本书稳健性检验首先使用 2SLS 进行估计，然后使用 3SLS 进行估计。

2SLS 回归结果显示，回归（1）中滞后一期的研发投入强度的回归系数为 -0.579 且在 10% 的统计水平上显著，企业披露的研发投入强度越大，则债务融资水平越低，说明研发投入信息披露虽然能够一定程度上降低信息不对称，但是过高的研发投入水平也带来了更大的不确定性和风险，对债权投资者吸引力不强，会降低企业的负债融资水平，该结果进一步支持了假设 5-1。从回归（1）中反映研发项目进展的 Fir_{-1} 和 Sec_{-1} 回归系数来看，Fir_{-1} 系数虽然为正，但是不显著；而 Sec_{-1} 系数则在 10% 统计水平上显著为正，说明披露的研发项目进展信息中，处于第一阶段的研发项目数量不能显著影响企业的负债融资水平，而处于更成功的第二阶段的研发项目数量越多，则因为信息不对称程度和研发风险的进一步降低，债权投资者更愿意进行投资，从而提高企业负债融资水平，因此，进一步支持了假设 5-2。

考虑到 2SLS 估计法属于单方程有限信息估计，而 3SLS 估计法则属于系统性估计，估计过程中同时纳入所有方程，可纠正回归模型中的自相关及异方差问题。栏目 B 同时报告了模型（5-2）和（5-3）所组成的联立方程的 3SLS 回归结果。从回归结果来看，该结果与 2SLS 估计结果基本一致，假设 5-1 和 5-2 也得到了 3SLS 回归结果的支持。

（2）其他稳健性检验

除了运用 2SLS 和 3SLS 估计法进行稳健性检验，本书还采用了其他方法做了进一步的检验：①为了消除奇异值的影响，本书对主要变量 Dr、Rdr、Fir 和 Sec 均进行了 P=0.01 和 P=0.05 的去尾（Winsor）处理，构建新的变量，然后分别使用混合最小二乘法和固定效应模型重新进行回归分析，发现与表 6-4 中的结果不存在显著差异，结果表明在剔除奇异值的影响之后，本书的结论仍然成立。限于文章篇幅限制，本书不再另行报告回归结果；②研发投入强度除了用研发支出费用占营业收入的比重来度量，还可以用研发支出费用占总资产的比例（Seifert 和 Gonenc，2012）来衡量。因此，在稳健性检验中，本书构建研发投入占总资产比例（$Rdar$）=研发支出费用/总资产两个变量代替 Rdr 进行回归,得到各变量的系数和 P 值分别为 $\beta_1 = -2.168$,$P = 0.020$;$\beta_2 = 0.022$,$P = 0.216$;$\beta_3 = 0.051$,$P = 0.051$;$\beta_4 = 0.317$,$P = 0.012$;$\beta_5 = 0.431$,$P = 0.097$,该结果与表6-4中的回归结果一致,进一步证明了本书的假设。

5.4 本章小结

中小高科技企业通过披露相关的研发信息以降低信息不对称是从研发资产证券化债务契约到可转债契约的融资模式能否顺利执行并提高融资效率的关键。为了弄清中小高科技企业创新研发过程中的研发信息披露对债务融资水平可能产生的影响,本章以2010—2015年新三板高科技企业为例,运用分层回归方法研究了研发信息披露(研发投入强度和研发项目进展情况)对企业债务融资水平(总资产负债率、短期负债率和长期负债率)的影响,对第3章和第4章涉及到的信息披露对债务融资的影响进行了研究补充。统计分析结果表明,本书3条研究假设均得到验证。简明起见,本章研究假设和对应的经验研究结果如表5-7所示。

表5-7　　　　　　　　经验研究结果与假设预测

假设	假设内容	检验结果
5-1	中小高科技企业的研发投入强度与企业的负债水平负相关	通过
5-2	中小高科技企业的研发项目进展与企业的负债水平正相关	通过
5-3	研发项目进展对研发投入强度与企业负债水平之间的负相关关系具有负向调节作用,即其他条件不变情况下,研发项目进展越成功,则研发投入强度对企业负债水平的负影响越弱	通过

中小企业融资难的根本原因在于投融资双方的信息不对称,而研发投资作为中小高科技企业生存并保持竞争力的关键活动,需要解决研发活动对债权投资者的信息不透明问题。本章研究结论表明,中小高科技企业单纯披露研发支出并不利于其通过债务融资缓解融资难,但是企业适当披露研发项目进展情况等更多的研发信息,将会让债权投资者更多了解企业的经营状况,可以让投资者对投资风险有更清晰的认识和判断,从而降低双方之间的信息不对称,也能在一定程度上抵消高研发投入对负债融资的不利影响,这无疑有利于中小企业通过研发资产证券化和可转债实现融资。

第 6 章 结　　论

6.1　本书主要结论

本书基于"啄食次序理论"和企业金融成长周期理论提出与中小高科技企业不同成长阶段的特征和融资需求相匹配的债务融资模式，基于不完全契约理论分别设计了符合初创期和成长期中小高科技企业成长特征和融资需求的研发资产证券化债务契约和可转债融资契约，用实验研究验证了理论模型的研究结论，同时基于信息不对称理论实证检验了研发信息披露（降低信息不对称）对企业债务融资水平的影响。通过文献梳理，理论综述，综合运用理论模型、实验室实验和经验研究方法，得到如下结论：

①初创期中小高科技企业的研发资产证券化债务融资契约中，债务再谈判可降低企业家采取违约行为的概率和金融中介采取强制清算行为的概率，而投资者根据违约状况决定向金融中介支付报酬的时间点和金额，能够提高金融中介筛选资产时付出的努力水平和投资者的投资积极性，有利于资金从投资者流向金融中介并最终流向企业。

初创期中小高科技企业研发风险大，但是一旦成功，即有可能获得巨大收益，这一特征将影响企业向金融中介获取贷款时双方的行为选择。无再谈判时，金融中介要求企业提供全部价值的抵押物且只有当研发项目成功概率提高时才会降低贷款利率；而双方可针对贷款再谈判时，因研发项目的成功收益远大于失败收益，企业家不采取债务违约的概率和金融中介强制破产的概率均会降低。在金融中介和投资者的激励契约中采用依债券违约状况支付报酬的动态激励方式，即投资者根据违约状况确定给金融中介支付报酬的时间点和金额，能够提高金融中介筛选资产时付出的努力水平和投资者的投资积极性，从而解决因研发资产信息不对称导致的签约前逆向选择和履约过程中的道德风险问题，实现投资者—金融中介—企业这一现金流方向，最终有现金流向企业以支持其创新。同时，金融中介付出高努力水平，可以更准确地筛选出优质企业，从而为这些优质高科技企业进入高速成长期时利用可转债实现融资做好准备。

②成长期中小高科技企业的可转债融资契约中，不同的转换条款的可转债实现对企业家和投资者激励相容的边界条件不同，带限制条件的可赎回可转债实现效率的边界条件更广，且对企业家和投资者的激励效果最好，而控制权相机配置机制能够通过释放对资源的控制能力的方式来提高资源配置效率，提高可转债的总收益。

成长期中小高科技企业具有高盈利预期，通过可转债融资不仅可以降低融资成本，且可兼顾投资者分享高预期收益的需求，但是可转债契约需要利用转换条款来平衡企业家和投资者之间的谈判力和收益，而转换条款被触发后将必然伴随控制权的转移。本书研究发现，不同转换条款的可转债对企业家和投资者的激励效果会有所差异，带限制条件的可赎回可转债能够平衡企业家和投资者之间的谈判力，因而对双方的激励效果比简单可转债和不带限制条件的可赎回可转债更好，企业家和投资者的付出水平也最高；虽然转换条款会改变双方的控制权，但是控制权配置机制保证了项目不确定性信号出现之后的再谈判，从而提高企业资源的利用价值，通过释放对资源的控制能力来提高资源的配置效率，因此会提高可转债的总收益。

③研发信息披露可以降低信息不对称，但是企业披露的不同研发信息会对中小高科技企业的债务融资水平产生不同影响。披露的研发信息越有利，则中小高科技企业的债务融资水平尤其是总体负债和长期负债水平会更高。

企业披露的高研发投入表明企业研发的不确定性风险增加，会降低企业负债水平，但是当高科技企业披露的研发项目进展信息表明研发项目进展顺利时，处于量产和市场应用阶段的研发项目越多时，由不确定性风险增加所引起的债务融资能力的降低将被研发项目的顺利进展所抵消，从而有利于企业提高其负债融资水平。因此，高科技企业适当披露研发项目的进展情况，将会让债权投资者尤其是长期债权投资者更多了解企业的经营状况和投资风险，从而降低双方之间的信息不对称，有利于中小企业通过债务融资实现创新投资。

6.2　本书创新点

与前人研究相比，本书主要取得了以下三个方面的创新性研究成果：

①基于初创期中小高科技企业的高研发风险特征和保护投资者收益的需求，提出通过金融中介构建研发资产池向投资者发行债券的研发资产证券化融资模式，并分别构建以企业家与金融中介为主体和以金融中介与投资者为主体的债务契约模型，得出可降低企业家违约概率的附带可再谈判条款的债务契约和提高金融中介筛选研发资产努力水平的最优支付方式。

虽然现实经济生活中，管理当局要求资产证券化产品必须保留一定比例的资产违约风险，且近年来有学者提出适合中小企业的资产证券化融资契约，但是包括 Malekan 和 Dionne（2014）在内的研究均基于传统的静态分析思路和风险自留机制进行分析，并未将企业家、金融中介和投资者在资产证券化债务融资过程中的博弈行为以及激励契约纳入到一个整体框架进行分析并将研究重点放在最关键的金融中介和投资者的风险共担以及投资者保护机制上。因此，相比于现实证券市场上的风险自留机制和 Malekan 和 Dionne（2014）的静态分析方法，本书的创新在于：首先，在研发资产证券化债务融资契约中的企业和金融中介的博弈过程引入再谈判机制，分析其对企业家（债务人）和金融中介（债权人）行为的影响，然后在金融中介和投资者的激励契约中引入根据资产违约状况支付报酬的动态激励方式，分析其在抑制投资者和金融中介之间因企业研发资产的信息不对称所引致的逆向选择和道德风险问题的作用。研究发现：相比无债务再谈判情形，企业家和金融中介签订附带可再谈判条款的债务契约，可以降低企业家违约的概率和金融中介破产清算的概率，有利于企业从金融中介获得融资；金融中介和投资者之间的债务契约履行过程中，投资者可根据债券违约状况确定向金融中介支付报酬的最优时间点和金额，进而可以提高金融中介筛选研发资产的努力水平，并降低企业家的违约概率。研究结论为研发资产证券化债券投资者选择支付报酬的最优形式提供了决策依据。

②基于成长期中小高科技企业的高预期收益特征和投资者分享收益的需求，

构建以企业家和投资者为主体的可转债融资契约博弈模型,给出具有不同行权条款的可转债契约实现激励相容的边界条件,且发现控制权相机配置可提高可转债契约的总收益。

经研发资产证券化过程筛选出来的高科技企业在进入高速成长期后,信息约束会放松,发展前景更好,预期收益更高。这一时期的高科技企业可通过兼顾低成本债权和高成本转股期权的可转债契约进行融资。但是由于企业与投资者之间的信息不对称仍存在,导致成长期中小高科技企业和投资者之间的激励不相容,需要寻找不同行权条款可转债实现激励相容的边界条件,并探讨控制权相机配置机制对不同类型可转债总收益的影响。本书的创新在于:根据研发投资的特点,在成长期中小高科技企业的可转债融资中引入两阶段融资模式和具体行权条款(包括简单可转债、不带限制条件的和带限制条件的可赎回可转债),并将控制权相机配置机制与可转债的具体行权条款相结合,构建以企业家和投资者为主体的可转债融资契约博弈模型,分析控制权相机配置机制对提高可转债总收益的影响。研究发现:不带限制条件的可赎回可转债可在一定的研发项目收益区间内激励企业家和投资者进行最优投入,实现激励相容;带限制条件的可赎回可转债实现激励相容的项目收益区间比可赎回可转债更大;控制权相机配置能提高所有类型可转债的总收益。研究结论为成长期中小高科技企业在不同边界条件下选择高效率的可转债契约提供决策依据。

③鉴于研发信息披露对降低研发资产证券化债务融资契约和可转债融资契约中的信息不对称具有重要作用,实证检验发现了中小高科技企业披露的研发投入强度与债务融资水平负相关,研发项目进展与债务融资水平正相关,且披露的研发项目进展信息对研发投入强度与债务融资水平的负相关关系具有负向调节作用。

中小高科技企业披露的研发信息是降低企业与其债权投资者之间信息不对称,配合从研发资产证券化债务契约到可转债契约的实施并提高融资效率的关键,因此分析信息披露对企业债务融资的影响,对通过研发资产证券化和可转债来缓解不同阶段的中小企业债务融资约束而言至关重要。虽然 Ahmed 和 Falk (2006), Aboody 和 Lev (2000) 很早就开始关注信息披露在降低资产证券化和可转债等债务融资契约中的信息不对称以缓解债务融资约束方面的作用,但是对于中小高科技企业而言,这些研究仍然忽视了这类企业的创新研发特性,也忽视了研发活动的信息披露对企业债务融资可能产生的影响。本书的创新在于：从中小高科技企业的研发特性出发，以手工挑选的新三板挂牌企业2010—2015年报所披露的研发信息作为研究样本，实证检验了研发信息披露（包括研发投入和研发项目进展信息）对中小高科技企业债务融资水平的影响，对资产证券化和可转债契约执行过程中涉及到的信息披露部分进行了补充研究。研究发现：中小高科技企业披露的研发投入强度越高，则其债务融资水平越低；披露的研发项目进展越顺利，企业的债务融资水平则越高；研发项目进展信息可削弱研发投入强度对企业债务融资水平的负面影响。研究结论表明中小高科技企业通过适时提升研发信息透明度来提高其债务融资水平的重要性，同时也间接检验了从研发资产证券化债券到可转债融资契约设计的适用性。

综上所述，本书根据中小高科技企业不同成长阶段，设计从研发资产证券化债券到可转债的融资模式，并分析研发信息披露对高科技企业债务融资水平的影响，对研发资产证券化债务融资契约和可转债契约形成研究补充，进一步完善了中小企业融资的相关理论。书中的理论模型、实验研究以及经验研究部分均有各自的创新之处，而三者的有机结合，相互佐证也保证了本书结论的可靠性。

6.3 相关政策建议

基于本书主要研究结论，我们提出以下政策建议：

建议一：积极发展并建立与中小高科技企业发展和融资需求相匹配的融资体系

发展与中小高科技企业适配的融资体系，能够引导社会资本流向创新领域，通过资源优化配置来分散或共担风险以促进技术创新。中小高科技企业因行业和发展阶段不同，在成长和创新研发过程中具有不同的特征和融资需求。因此，从金融发展促进技术创新的角度，为了引导社会资本投入到创新研发领域，建议积极发展新三板市场以服务于中小企业融资，在提供权益融资的同时尽快引入与企业不同成长阶段特征和融资需求相匹配的资产证券化和可转债等债券融资产品，在帮助企业以低成本实现融资的同时通过合理设计做好投资者保护并平衡风险和收益关系，控制系统性风险。西方发达国家成熟金融市场的经验表明，围绕金融衍生品的金融创新活动，可在更大程度上发掘和利用金融资源，满足发行主体在特定时期的特定融资需求，极大地丰富金融市场的发展，提高资本配置效率。因此，本书建议我国资本市场管理者应在吸取次贷危机经验教训的基础上，根据我国具体国情建立高效的多层次资本市场体系，同时有计划、有步骤地推进债券类金融衍生品创新，以实现金融体系对科技创新的全方位支持，保障我国创新型国家战略和创新驱动经济发展的"新常态"的顺利实现。

建议二：做好研发资产证券化债券创新和风险管控机制的调研和前期准备工作，完善各层次资本市场的衔接制度

中小高科技企业受限于高创新风险、信息不对称、公司治理机制不完善，目前债务融资比例较低，初创期中小高科技企业债务融资约束则更为严格。本书的研究表明，在高科技企业初创期以研发资产和未来预期收益作为支持构建研发资产证券化债券，在设计合理的支付结构前提下，将金融中介所得收益与其所构建资产池的收益和质量挂钩，按照事后所反映出来的信息给予支付，以此作为一种与投资者进行风险分担的创新性机制，可有效控制金融中介的道德风险，提高其筛选备选资产（以公司研发成果和公司信用做为支持）的努力，也能降低投资者风险和逆向选择行为，从而活跃债券交易市场。因此，本书建议：①改革目前资产证券化产品的契约形式，可以将目前的事前支付（即投资者在无资产信息前购买资产证券化债券并付款给承销机构）激励机制转变为事后支付（即投资者根据所购买的资产证券化债券发生违约的次数和时间点来决定支付何时与承销商结款以及结款数额）；②在创新资产证券化的激励方式和风险共担机制之前，做好前期论证和调研的准备工作，如向券商和投资者进行路演并做仿真测试；③各地股转市场可为新三板提供源源不断的初创企业资源，且新三板正在推行的分层机制也为金融中介的筛选工作提供了一定的方向，我国管理层应该制定股转市场与新三板之间的衔接和转板机制，降低企业的交易成本，为研发资产证券化债券提供更多的备选企业，提高融资效率。

建议三：制定并完善可转债的控制权转移制度，引导创新投资基金发挥积极作用

专业的创新投资基金因其专业性，可通过对企业的监督和企业运行不良时对控制权的争夺而促进企业加快技术创新，在提高企业运行效率的同时也能够

降低资本市场的投资失误。本书的研究表明，在企业进入高速成长期，企业价值实现高速增值时，允许企业通过可转换债券进行融资可以降低企业的融资成本，也可让投资者通过转股期权分享未来预期收益，而将控制权相机配置嵌入可转债则可进一步提高融资效率。因此，在新三板市场大力发展各种支持中小高科技企业创新的投资基金，能够在提供大笔资金的同时，通过控制权机制和机构自身的专业性来对企业履行一定的监督职责。鉴于此，本书建议：①我国新三板引入各种支持企业进行创新的投资基金，这对促进中小企业创新和科技成果转化为生产力而言具有至关重要的作用；②发挥政府对创新投资的引导作用，继续发展支持中小高科技企业创新的大型基金，引导社会资金和其他创新资源加快投资于国家战略新兴产业，提升企业创新能力；③制定并完善可转债的控制权转移制度，方便创新投资基金在必要时通过控制权转移机制来对中小高科技企业实施监督，提升企业的创新效率。④探索优质可转债发行企业与新三板转板制度相结合的制度可能性。优质的可转债发行企业有强劲的业绩来应对债务融资的刚性还本付息约束以及投资者的转股预期，而企业由新三板转板至更高层次的资本市场，将需要良好业绩作为支撑。

建议四：建立研发资产的知识产权交易市场，规范信息披露规则

由于创新研发投资的独特性，资本市场的投资者很难根据其他企业的研发绩效来判断本企业的研发投资情况。我国目前不存在一个有效的研发资产（如专利）交易市场来传递研发信息，投资者也无法根据市场信息来判断企业的研发投资价值，这些是造成我国中小高科技企业难以获取债务融资的原因之一。本书的研究表明，不同的研发信息对企业的债务融资水平会产生不同影响，企业披露有利的信息能够降低信息不对称，缓解企业债务融资约束。因此，本书建议从两方面着手解决中小高科技企业因创新研发的信息不对称导致的债务融资约束：①建立全国性或者区域性的中小高科技企业研发资产的知识产权交易市场，在制订相应保密制度的前提下，使投资者能掌握意向企业的研发情况；②支持新三板挂牌企业在年度报告中适度披露企业研发项目的基本情况，如研发人员数量，各阶段的研发项目数量，新投产的创新产品的市场销售情况等。尽管创新具有较高风险，但是更多的信息披露将让债权投资者更多了解企业的经营状况和风险，从而降低投融资双方的信息不对称，增强投资者信心，有利于提高企业债务融资水平。

6.4　研究不足和未来研究展望

尽管本书达到了预期的研究目标，并且获得了一些重要的书结论。但是本书仍存在一些局限之处，总结和分析这些局限性有利于今后对中小企业的债务融资模式进行更深入的研究。具体而言，本书的研究局限和未来研究方向包括以下几个方面：

①研发资产证券化过程中所涉及的利益相关方，除了金融中介和投资者以及企业以外，还有信用评级机构。信用评级机构通过信用增级来提高资产证券化债券的整体质量，降低系统风险。但是次贷危机过程中，穆迪、标准普尔、惠誉等主要评级机构曾受到普遍质疑，被认为对金融危机起了推波助澜的作用。由于本书篇幅有限，研究重点关注金融中介和投资者的风险共担机制以及投资者保护机制。那么，在研发资产证券化融资模式中，又该为这些评级机构设计何种激励契约才能让其真正客观地做好评级工作从而给市场传递正确的资产质量信息？这是未来可以进一步研究的课题，对构建我国健康的信用评级市场，推动研发资产证券化债券的顺利发行而言至关重要。

②本书所研究的与中小高科技企业发展阶段和融资需求相适宜的债务融资体系，目的是通过资本市场支持企业做大做强，完成企业未来通过注册制实现IPO转板之前的孵化和培育工作。目前已有从新三板成功转板到创业板上市的公司，包括久其软件、北陆药业、世纪瑞尔、佳讯飞鸿、紫光华宇、安控科技、东土科技和博晖创新。那么，这些公司在实现成功转板之前又经历了怎样的融资过程？是否有与本书的债务融资产品如可转债相似的融资过程？若存在，那其中的可转债契约又涉及过怎样的具体条款？对这些问题的回答，可通过案例研究的方式进一步完善本书尤其是第4章模型的研究。

附录

附录 A：研发资产证券化债务融资契约实验说明书

(1) 实验背景

金融中介分别以资产高风险高收益资产 A_1 和低风险低收益资产 A_2 为支持向高科技企业发放贷款，并将 A_1 和 A_2 同时放入资产池中，打包组合成资产证券化债券出售给投资者。投资者可以观察到债券的本金、利率、违约概率和累计违约记录，然后投资者决定购买量。金融中介需在选定 A_1 和 A_2 时付出一定的努力 $e \in (0,1]$，e 对投资者而言不可观测也无法契约化且与该资产各期的现金流有关，低努力时违约率会较高；而高努力时违约率较低。本实验局进行 15 期。

让资产 A_1 和 A_2 同时进入资产池并按高低资产构成比例 7∶3、5∶5 和 3∶7 进行组合设三个实验局，每局 8 期，发行资产证券化产品。投资者可观测到的信息、金融中介的努力水平与现金流关系与单独债券情境一致。

(2) 参数设定

①抵押贷款的各项参数。为了便于分析，实验中不考虑市场利率的变动。中介成本函数为 $C = x^2$。

附录 A - 抵押贷款的实验参数

资产编号	本金	利率	违约率	努力成本	资产现金流
A_1	100	10%	$e^{-1.5x-1}$	x^2	$110 - 10e^{-1.5x-1} + 10random$
A_2	100	5%	e^{-2x-1}	x^2	$105 - 5e^{-2x-1} + 5random$

其中，$random$ 为 0 到 1 之间均匀分布函数，由系统随机生成。

②资产证券化债券。按不同风险资产配比组合而成的三种不同债券的参数取值如下表所示。

附录 A - 资产证券化债券各实验局实验参数

债券类别	资产	本金	利率	违约率	努力成本	资产现金流
B_1	A_1	70	10%	$e^{-1.5x-1}$	x^2	$0.7(110-10e^{-1.5x-1}+10random)$
	A_2	30	5%	e^{-2x-1}		$0.3(105-5e^{-2x-1}+5random)$
B_2	A_1	50	10%	$e^{-1.5x-1}$	x^2	$0.5(110-10e^{-1.5x-1}+10random)$
	A_2	50	5%	e^{-2x-1}		$0.5(105-5e^{-2x-1}+5random)$
B_3	A_1	30	10%	$e^{-1.5x-1}$	x^2	$0.3(110-10e^{-1.5x-1}+10random)$
	A_2	70	5%	e^{-2x-1}		$0.7(105-5e^{-2x-1}+5random)$

(3) 收益计算

收益计算均是指各方扣除成本之后的纯收益。假定 default = 1 为违约；default = 0 为未违约。投资者购买量为 q。投资者收益为 W_I，金融中介收益为 W_M。

① 资产证券化债券实验局，高风险资产：低风险资产 = 7 : 3

假设 q 为投资者购买量，资产 A_1 在每期所产生现金流为 F_1，资产 A_2 在每期所产生现金流为 F_2。两种资产分别产生现金流。双方收益可以有如下表达式：

$$W_I = \begin{cases} 0.085q(1-e^{-1.5x-1})(1-e^{-2x-1}), & if\ default = 0 \\ [q(F_1+F_2)/100 - 1.07q][(1-e^{-1.5x-1})e^{-2x-1} \\ \quad + e^{-1.5x-1}(1-e^{-2x-1}) + e^{-1.5x}e^{-2x-1}], & if\ default = 1 \end{cases}$$

$$W_M = \begin{cases} [q(F_1+F_2)/100 - 1.085q - x^2](1-e^{-1.5x-1}) \\ \quad (1-e^{-2x-1}), & if\ default = 0 \\ -x^2[(1-e^{-1.5x-1})e^{-2x-1} + e^{-1.5x-1}(1-e^{-2x-1}) \\ \quad + e^{-1.5x-1}e^{-2x-1}], & if\ default = 1 \end{cases}$$

其中 $F_1 = 0.7[110 - 10e^{-1.5x-1} + 10random(1)]$，$F_2 = 0.3[105 - 5e^{-2x-1} + 5random(2)]$

② 资产证券化债券实验局，高风险资产：低风险资产 = 5 : 5

$$W_I = \begin{cases} 0.075q(1-e^{-1.5x-1})(1-e^{-2x-1}), & if\ default = 0 \\ [q(F_1+F_2)/100 - 1.05q][(1-e^{-1.5x-1})e^{-2x-1} \\ \quad + e^{-1.5x-1}(1-e^{-2x-1}) + e^{-1.5x-1}e^{-2x-1}], & if\ default = 1 \end{cases}$$

$$W_M = \begin{cases} [q(F_1+F_2)/100-1.075q-x^2)](1-e^{-1.5x-1}) \\ \quad (1-e^{-2x-1}), \; if \; default = 0 \\ -x^2[(1-e^{-1.5x-1})e^{-2x-1}+e^{-1.5x-1}(1-e^{-2x-1}) \\ \quad +e^{-1.5x-1}e^{-2x-1}], \; if \; default = 1 \end{cases}$$

其中，$F_1 = 0.5[110-10e^{-1.5x-1}+10random(1)]$，$F_2 = 0.5[105-5e^{-2x-1}+5random(2)]$

③资产证券化债券实验局，高风险资产：低风险资产 = 3 : 7

$$W_I = \begin{cases} 0.065q(1-e^{-1.5x-1})(1-e^{-2x-1}), \; if \; default = 0 \\ [q(F_1+F_2)/100-1.03q][(1-e^{-1.5x-1})e^{-2x-1} \\ \quad +e^{-1.5x-1}(1-e^{-2x-1})+e^{-1.5x-1}e^{-2x-1}], \; if \; default = 1 \end{cases}$$

$$W_M = \begin{cases} [q(F_1+F_2)/100-1.065q-x^2)] \\ \quad (1-e^{-1.5x-1})(1-e^{-2x-1}), \; if \; default = 0 \\ -x^2[(1-e^{-1.5x-1})e^{-2x-1}+e^{-1.5x-1}(1-e^{-2x-1}) \\ \quad +e^{-1.5x-1}e^{-2x-1}], \; if \; default = 1 \end{cases}$$

其中，$F_1 = 0.3[110-10e^{-1.5x-1}+10random(1)]$，$F_2 = 0.7[105-5e^{-2x-1}+5random(2)]$

(4) 实验激励

①排名机制：金融中介和投资者按总收益从大到小分开排名。

②现金报酬：每种角色设置 2 名一等奖，4 名二等奖，6 名三等奖。其中一等奖 60 元，二等奖 45 元，三等奖 30 元。未获报酬的其他同学每人获得 10 元出场费；

③成绩报酬：根据每人最终收益和排名，在《高级管理学》课程成绩中给予一定比例分值（百分制）。

附录 B 资产证券化实验 z – Tree 实验程序（部分）

(1) 资产证券化实验 z – Tree 实验程序（部分）

Participate = if(type = = 1,1,0);

```
rand1 = random();
bond = if(rand1 > 0.5,1,0);
rand2 = random();
if(type == 1)
    {
        pm1 = OLDsubjects.find(same(Subject),pm);
        apm1 = OLDsubjects.find(same(Subject),apm);
        tpm1 = OLDsubjects.find(same(Subject),tpm);
        q1 = OLDsubjects.find(same(Subject),q);
    }/* pm1 is the former period gp of type1 */
Participate = if(type == 2,1,0);
if(type == 2)
    {
        bond = find(same(Group)&type == 1,bond);
        e = find(same(Group)&type == 1,e);
        rand2 = find(same(Group)&type == 1,rand2);
        rand1 = find(same(Group)&type == 1,rand1);
        pi1 = OLDsubjects.find(same(Subject),proi);
        tpi1 = OLDsubjects.find(same(Subject),tpi);
        api1 = OLDsubjects.find(same(Subject),api);
        pm1 = find(same(Group)&type == 1,pm1);
        tpm1 = find(same(Group)&type == 1,tpm1);
        apm1 = find(same(Group)&type == 1,apm1);
        q1 = find(same(Group)&type == 1,q1);
    }
if(bond == 1)
    {
        cf = 110 - 10 * exp(-1.5 * e - 1) + 10 * rand2;
    }
elsif(bond == 0)
    {
```

$$cf = 105 - 5 * \exp(-2 * e - 1) + 5 * \text{rand2};$$
　　}
if(type == 1)
　　{
　　　　q = find(same(Group)&type == 2, q);
　　}
if(type == 1&bond == 1)
　　{
　　　　d = if(cf < 110, 1, 0);
　　}
elsif(type == 1&bond == 0)
　　{
　　　　d = if(cf < 105, 1, 0);
　　}
if(type == 2)
　　{
　　　　d = find(same(Group)&type == 1, d);
　　}
if(Period == 1)
　　{
　　　　dn = d;
　　}
elsif(Period > 1)
　　{　dn = d + OLDsubjects. find(Subject == :Subject, dn);}
　　if(bond == 1)
　　　　{
　　　　　if(d == 1)
　　　　　　{
　　　　　　　if(type == 2)
　　　　　　　　{
　　　　　　　　　proi = q * (cf - 110)/100;

```
            }
        elsif( type == 1 )
            {
            pm = - c * e * e;
            }
        }
    elsif( d == 0 )
        {
        if( type == 2 )
            {
            proi = 10 * q/100;
            }
        elsif( type == 1 )
            {
            pm = q * ( cf - 110 )/100 - c * e * e ;
            }
        }
    }
elsif( bond == 0 )
{   if( d == 1 )
        {
        if( type == 2 )
            {
            proi = q * ( cf - 105 )/100;
            }
        elsif( type == 1 )
            {
            pm = - c * e * e;
            }
        }
    elsif( d == 0 )
```

```
            {       if( type == 2 )
                     {
                     proi = 5 * q/100;
                     }
                elsif( type == 1 )
                     { pm = q * ( cf - 105 )/100 - c * e * e ; }
            }
      }
if( Period == 1 )
   { tpi = proi;
      tpm = pm;}
elsif( Period > 1 )
   { tpi = proi + OLDsubjects. find( Subject == :Subject,tpi) ;
      tpm = pm + OLDsubjects. find( Subject == :Subject,tpm) ;}
api = subjects. average( type == 2,proi) ;/* 计算平均收益 */
apm = subjects. average( type == 1,pm) ;
```

（2）资产证券化实验 z – Tree 实验界面（略）

附录 C 风险偏好测试问卷

请您从以下五个问题中依次选择您最偏好的选项：

问题 1：请选择

A：您将获得确定的 7 元钱收入；

B：您将有 50% 的可能性获得 10 元钱收入，另外有 50% 的可能性仅获得 2 元钱收入；

问题 2：请选择

A：您将获得确定的 6 元钱收入；

B：您将有 50% 的可能性获得 10 元钱收入，另外有 50% 的可能性仅获得 2

元钱收入；

问题3：请选择

A：您将获得确定的5元钱收入；

B：您将有50%的可能性获得10元钱收入，另外有50%的可能性仅获得2元钱收入；

问题4：请选择

A：您将获得确定的4元钱收入；

B：您将有50%的可能性获得10元钱收入，另外有50%的可能性仅获得2元钱收入；

问题5：请选择

A：您将获得确定的3元钱收入；

B：您将有50%的可能性获得10元钱收入，另外有50%的可能性仅获得2元钱收入。

附录D 不同可转债契约激励约束效应实验说明书

1. 实验背景和参数

（1）假定一家高新技术企业正在进行一项新技术研发，需要从市场以发行标准公司债券或者可转债方式筹集 $K=100$ 的资金，利率 $i_c=5\%$。企业投入努力水平 e，投资者的投资分两阶段投入，第一阶段初始投入比例为 $k\in[0.3,1]$，第一阶段结束后披露自然状态信息 $\theta\in\{0,1\}$，$\theta=1$ 表示项目处于好的自然状态，否则为坏。每期随机给定一个股价，该股价由项目进展状态决定，设定基准价格 $P=10$，而股价超过基准价格30%即可触发企业回购，回购利率为 $i_B=20\%$；股价低于基准价格30%，则可触发投资者回售，即按票面价值原价回售给企业。

(2) 投资者根据披露的自然状态信息 θ 以及对未来项目产出的预期，决定是终止项目进行清算还是继续投入剩余的 $100(1-k)$ 资金，该决策决定企业是否有收益以及收益大小。企业和投资者的投入水平在两个阶段内不变，即如果投资者决定投入剩余资金，则在第二阶段，沿用第一阶段的 e 和 k。假定企业的努力成本为 $C(e)=100e^2$。

(3) 若投资者在第一阶段进行清算，按照 $\alpha=0.5$ 的比例清算，企业获得的收益为 0，投资者获得全部初始投资的清算价值 $100k\alpha=50k$；若投资者继续投入，到第二阶段末期项目研发项目的产出为 W，其中 W 是双方投入的二元函数，同时也要反映项目进展状况的好坏。假设 $\theta=1$ 时，$W(e,k)=160(1+k)e$；$\theta=0$ 时，$W(e,k)=80(1+k)e$。

(4) 为了体现控制权，若在第一阶段，投资者决定清算，则投资者拥有控制权，此时企业收益为 0；若投资者决定继续投入，但是期末产出仍然不能还本付息，投资者拥有控制权，企业收益仍然为 0；若最终产出可以还本付息，则企业拥有控制权，项目结束时企业可获得控制权收益 $b=40$。

(5) 实验总共分为 6 局，每局实验进行 10 期。若投资者选择在第二阶段投入剩余的资金，则一旦转股，默认 100 投资全部转股，因为企业拥有研发技术，以技术入股，因此在转股后，虽然投资者投入了全部资金，但是公平起见，只按 $\tau=0.5$ 的比例分享收益或者承担损失。

2. 各实验局收益计算

(1) 简单可转债

投资者收益 U_I 和企业收益 U_E 分别为：

$$U_I = \begin{cases} -50k, & if\ W \leqslant 100-50k \\ W-100, & if\ 100-50k < W \leqslant 105 \\ 5, & if\ 105 < W \leqslant 210 \\ 0.5W-100, & if\ W > 210 \end{cases}$$

$$U_E = \begin{cases} -100e^2, & if\ W \leqslant 105 \\ W-100e^2-65, & if\ 105 < W \leqslant 210 \\ 40+0.5W-100e^2, & if\ W > 210 \end{cases}$$

(2) 可赎回可转债——不带触发条款

投资者和企业的收益分别为：

$$U_I = \begin{cases} -50k, & if\ W \leq 100-50k \\ W-100, & if\ 100-50k < W \leq 105 \\ 5, & if\ 105 < W \leq 210 \\ 0.5W-100, & if\ 210 < W \leq 240 \\ 20, & if\ W > 240 \end{cases}$$

$$U_E = \begin{cases} -100e^2, & if\ W \leq 105 \\ W-65-100e^2, & if\ 105 < W \leq 210 \\ 0.5W+40-100e^2, & if\ 210 < W \leq 240 \\ W-80-100e^2, & if\ W > 240 \end{cases}$$

（3）可赎回可转债——带触发条款

① $P \geq 13$ 时，因为已经满足触发条款，此时企业可以选择赎回，当然，也可以选择不赎回。此时收益计算与不带触发条款而随时可转的情形一致。

② $P < 13$ 时，因为此时不满足触发条款，此时企业无法赎回，收益计算与简单可转债情形一致。

（4）简单可转债——不带控制权配置机制

投资者和企业的收益分别为：

$$U_I = \begin{cases} -50k, & if\ W \leq 100-50k \\ W-100, & if\ 100-50k < W \leq 105 \\ 5, & if\ 105 < W \leq 210 \\ 0.5W-100, & if\ W > 210 \end{cases}$$

$$U_E = \begin{cases} -100e^2, & if\ W \leq 105 \\ W-100e^2-105, & if\ 105 < W \leq 210 \\ 0.5W-100e^2, & if\ W > 210 \end{cases}$$

（5）可赎回可转债——不带控制权配置机制

投资者和企业的收益分别为：

$$U_I = \begin{cases} -50k, & if\ W \leq 100-50k \\ W-100, & if\ 100-50k < W \leq 105 \\ 5, & if\ 105 < W \leq 210 \\ 0.5W-100, & if\ 210 < W \leq 240 \\ 20, & if\ W > 240 \end{cases}$$

$$U_E = \begin{cases} -100e^2, & if\ W \leq 105 \\ W - 105 - 100e^2, & if\ 105 < W \leq 210 \\ 0.5W - 100e^2, & if\ 210 < W \leq 240 \\ W - 120 - 100e^2, & if\ W > 240 \end{cases}$$

(6)可赎回可转债——带限制条件且不带控制权配置机制

(1) $P \geq 13$ 时,因为已经满足触发条款,此时企业可以选择赎回,当然,也可以选择不赎回。此时收益计算与不带触发条款而随时可转的情形一致。

(2) $P < 13$ 时,因为此时不满足触发条款,此时企业无法赎回,收益计算与简单可转债情形一致。

3. 实验激励

(1)排名机制:金融中介和投资者角色按总收益从大到小分开排名。

(2)现金报酬:每种角色设置2名一等奖,4名二等奖,6名三等奖。其中一等奖60元,二等奖45元,三等奖30元。未获报酬的其他同学每人获得10元出场费。

(3)成绩报酬:根据每人最终收益和排名,在《实验管理学》课程成绩中给予一定比例的分值(百分制),具体标准由课程助教安排和协调。

附录 E 可转债实验 z – Tree 实验程序(部分)

(1)可转债实验 z – Tree 实验程序(部分)

```
Participate = if( type = = 1,1,0);
if( type = = 1)
    {
        gp1  =  OLDsubjects. find( same( Subject) ,gp);
        pi1  =  OLDsubjects. find( same( Subject) ,proi);
        tpi1 =  OLDsubjects. find( same( Subject) ,tpi);
    }
Participate = if( type = = 2,1,0);
if( type = = 2)
```

            {
                gp1 = find(same(Group) &type == 1 , gp1) ;
                pi1 = find(same(Group) &type == 1 , pi1) ;
                tpi1 = find(same(Group) &type == 1 , tpi1) ;
                k = find(same(Group) &type == 1 , k) ;
            }
        if(type == 2)
            {
                pm1 = OLDsubjects. find(same(Subject) , pm) ;
                tpm1 = OLDsubjects. find(same(Subject) , tpm) ;
            }
        if(type == 1)
            {
                pm1 = find(same(Group) &type == 2 , pm1) ;
                tpm1 = find(same(Group) &type == 2 , tpm1) ;
                e = find(same(Group) &type == 2 , e) ;
            }
    rand = random( ) ;
    state = if(rand > 0.5 , 1 , 0) ;
    if (type == 2)
        {
            rand = find(same(Group) &type == 1 , rand) ;
            rand1 = find(same(Group) &type == 1 , rand1) ;
            state = find(same(Group) &type == 1 , state) ;
        }
    if(state == 0)
        {
            price = 10 − 6 * rand1 ;
            gp = 80 * (1 + k) * e;
        }
    elsif(state == 1)

```
        {
            price = 10 + 6 * rand1;
            gp = 160 * (1 + k) * e;
        }
```

(1) 简单可转债收益计算及分配

```
if(gp < = 100 - 50 * k)
    {
        proi = -50 * k;
        pm = -100 * e * e;
    }
elsif(gp > 100 - 50 * k&gp < = 105)
    {
        proi = gp - 100;
        pm = -100 * e * e;
    }
elsif(gp > 105&gp < = 210)
    {
        proi = 5;
        pm = gp - 100 * e * e - 65;
    }
elsif(gp > 210)
    {
        proi = 0.5 * gp - 100;
        pm = 40 + 0.5 * gp - 100 * e * e;
    }
```

(2) 可赎回可转债收益计算和分配

```
if(gp < = 100 - 50 * k)
    {
        proi = -50 * k;
        pm = -100 * e * e;
    }
```

```
elsif( gp > 100 - 50 * k&gp < = 105 )
    {
        proi = gp - 100;
        pm = - 100 * e * e;
    }
elsif( gp > 105&gp < = 210 )
    {
        proi = 5;
        pm = gp - 100 * e * e - 65;
    }
elsif( gp > 210&gp < = 240 )
    {
        proi = 0.5 * gp - 100;
        pm = 40 + 0.5 * gp - 100 * e * e;
    }
elsif( gp > 240 )
    {
        proi = 20;
        pm = gp - 80 - 100 * e * e;
    }
continue = if( gp > 100 - 50 * k,1,0 );
if( type == 1 )
        {
            profit = proi;
        }
elsif( type == 2 )
        {
            profit = pm;
        }
if( Period == 1 )
        {    tpi = proi;
```

$$\text{tpm} = \text{pm};\ \}$$

elsif(Period > 1)

$$\{\quad \text{tpi} = \text{proi} + \text{OLDsubjects.find}(\text{Subject} == :\text{Subject}, \text{tpi});$$

$$\text{tpm} = \text{pm} + \text{OLDsubjects.find}(\text{Subject} == :\text{Subject}, \text{tpm});\quad \}$$

（3）可转债实验 z – Tree 实验界面（略）

参考文献

[1] Tourigny D, Le C D. Impediments to innovation faced by Canadian manufacturing firms [J]. Economics of Innovation and New Technology, 2004, 13 (3): 217 – 250.

[2] Hall B H, Lerner J. The financing of R&D and innovation [J]. Handbook of the Economics of Innovation, 2010 (1): 609 – 639.

[3] Myers S C, Majluf N S. Corporate financing and investment decisions when firms have information that investors do not have [J]. Journal of financial economics, 1984, 13 (2): 187 – 221.

[4] Berger A N, Udell G F. The economics of small business finance: The roles of private equity and debt markets in the financial growth cycle [J]. Journal of Banking & Finance, 1998, 22 (6): 613 – 673.

[5] Franke G, Krahnen J P. Default risk sharing between banks and markets: the contribution of collateralized debt obligations [M]//The Risks of Financial Institutions. University of Chicago Press, 2007: 603 – 634.

[6] Mayers D. Convertible bonds: Matching financial and real options [J]. Journal of Applied Corporate Finance, 2000, 13 (1): 8 – 21.

[7] Jones – Evans D, Klofsten M. Universities and local economic development: the case of Linköping [J]. European Planning Studies, 1997, 5 (1): 77 – 93.

[8] McNally K. External Equity Finance for Technology – based Firms in the United Kingdom: The Role of Corporate Venture Capital [M]. University of Southampton, Department of Geography, 1995.

[9] 李志. 银行结构与中小企业融资 [J]. 经济研究, 2002 (6): 38 – 45.

[10] 朱婧嫣, 吴满琳. 科技型中小企业的阶段划分与资源配置 [J]. 市场周刊, 2005 (5): 012.

[11] 张旭. 企业发展阶段判别方法研究 [J]. 经济视角, 2011 (6): 87 – 88.

[12] 章卫民,劳剑东,李湛. 科技型中小企业成长阶段分析及划分标准 [J]. 科学学与科学技术管理,2008,29(5):135-139.

[13] 方先明,吴越洋. 中小企业在新三板市场融资效率研究 [J]. 经济管理,2015(10):42-51.

[14] Fernandez J M, Stein R M, Lo A W. Commercializing biomedical research through securitization techniques [J]. Nature biotechnology, 2012, 30 (10): 964-975.

[15] Pisano G P. Science business: The promise, the reality, and the future of biotech [M]. Harvard Business Press, 2006.

[16] Huggett B. Biotech's wellspring: a survey of the health of the private sector [J]. Nature biotechnology, 2012, 30 (5): 395-400.

[17] Bugg-Levine A, Kogut B, Kulatilaka N. A new approach to funding social enterprises [J]. Harvard business review, 2012, 90 (1/2): 118-123.

[18] Keys B J, Mukherjee T, Seru A, 620 FICO, Take II: Securitization and screening in the subprime mortgage market [J]. Review of Financial Studies, forthcoming, 2010.

[19] Francis J, LaFond R, Olsson P, Accounting Anomalies and Information Uncertainty [R]. Institute for Financial Research, 2003.

[20] 王宣喻,储小平. 信息披露机制对私营企业融资决策的影响 [J]. 经济研究,2002,(10):31-39,94.

[21] 张捷,王霄. 中小企业金融成长周期与融资结构变化 [J]. 世界经济,2002(9):63-70.

[22] Hoffman K, Parejo M, Bessant J, et al. Small firms, R&D, technology and innovation in the UK: a literature review [J]. Technovation, 1998, 18 (1): 39-55.

[23] Wehinger G. SMEs and the credit crunch [J]. OECD Journal: Financial Market Trends, 2014, 2013 (2): 115-148.

[24] Modigliani F, Miller M H. The cost of capital, corporation finance and the theory of investment [J]. The American economic review, 1958: 261-297.

[25] Graham J R, Harvey C R. The theory and practice of corporate finance: Evidence from the field [J]. Journal of financial economics, 2001, 60 (2): 187-243.

[26] Watson R, Wilson N. Small and Medium Size Enterprise Financing: A Note on Some of the Empirical Implications of a Pecking Order37 [J]. Journal of Business Finance & Accounting, 2002, 29 (3 – 4): 557 – 578.

[27] Levine R. Finance and growth: theory and evidence [J]. Handbook of economic growth, 2005 (1): 865 – 934.

[28] Beck T, Demirguc – Kunt A. Small and medium – size enterprises: Access to finance as a growth constraint [J]. Journal of Banking & Finance, 2006, 30 (11): 2931 – 2943.

[29] Nassr I K, Wehinger G. Non – bank debt financing for SMEs [J]. OECD Journal: Financial Market Trends, 2014, 2014 (1): 139 – 162.

[30] Hart O, Holmstrom B. The theory of contracts [C] //Advances in Economic Theory, Fifth World Congress, Cambridge University Press, Cambridge. 1987.

[31] Grossman S J, Hart O D. The costs and benefits of ownership: A theory of vertical and lateral integration [J]. The Journal of Political Economy, 1986: 691 – 719.

[32] Hart O, Moore J. Property Rights and the Nature of the Firm [J]. Journal of political economy, 1990: 1119 – 1158.

[33] Tirole J. Incomplete contracts: Where do we stand? [J]. Econometrica, 1999, 67 (4): 741 – 781.

[34] Duffie D, Rahi R. Financial market innovation and security design: An introduction [J]. Journal of Economic Theory, 1995, 65 (1): 1 – 42.

[35] Gavazza A. Asset liquidity and financial contracts: Evidence from aircraft leases [J]. Journal of financial Economics, 2010, 95 (1): 62 – 84.

[36] Schwarcz S L. The Alchemy of Asset Securitization [J]. Stanford Journal of Law, Business, and Finance, 1994 (1): 133.

[37] Aghion P, Bolton P. An incomplete contracts approach to financial contracting [J]. The review of economic Studies, 1992, 59 (3): 473 – 494.

[38] Berglöf E. A control theory of venture capital finance [J]. Journal of Law, Economics, & Organization, 1994: 247 – 267.

[39] Tirole J. The theory of corporate finance [J]. Princeton University PressfPrinceton and Oxford, 2006.

[40] Parlour C A, Plantin G. Loan sales and relationship banking [J]. The Journal of Finance, 2008, 63 (3): 1291-1314.

[41] Brunnermeier M K. Financial crisis: mechanism, prevention and management [J]. Macroeconomic stability and financial regulation: key issue for the G, 2009 (20): 91-104.

[42] Rajan U, Seru A, Vig V. The failure of models that predict failure: distance, incentives and defaults [J]. Chicago GSB Research Paper, 2010: 8-19.

[43] Donnelly C, Embrechts P. The devil is in the tails: actuarial mathematics and the subprime mortgage crisis [J]. Astin Bulletin, 2010, 40 (1): 1-33.

[44] DeMarzo P, Duffie D. A liquidity-based model of security design [J]. Econometrica, 1999, 67 (1): 65-99.

[45] Riddiough T J. Optimal design and governance of asset-backed securities [J]. Journal of Financial Intermediation, 1997, 6 (2): 121-152.

[46] Malamud S, Rui H, Whinston A. Optimal incentives and securitization of defaultable assets [J]. Journal of financial economics, 2013, 107 (1): 111-135.

[47] Casamatta C. Financing and advising: optimal financial contracts with venture capitalists [J]. The Journal of Finance, 2003, 58 (5): 2059-2086.

[48] Habib M A, Johnsen D B. The private placement of debt and outside equity as an information revelation mechanism [J]. Review of Financial Studies, 2000, 13 (4): 1017-1055.

[49] Dessi R. Start-up finance, monitoring, and collusion [J]. RAND Journal of Economics, 2005: 255-274.

[50] Cornelli F, Yosha O. Stage financing and the role of convertible securities [J]. The Review of Economic Studies, 2003, 70 (1): 1-32.

[51] Isagawa N. Convertible debt: An effective financial instrument to control managerial opportunism [J]. Review of Financial Economics, 2000, 9 (1): 15-26.

[52] Mayers D. Why firms issue convertible bonds: the matching of financial and real investment options [J]. Journal of Financial Economics, 1998, 47 (1): 83-102.

[53] Isagawa N. Managerial opportunism and capital structure adjustments: equity-for-debt swap and convertible debt [J]. International Review of Finance,

2002 (3): 53-69.

[54] 徐细雄, 万迪昉, 淦未宇. 金融契约, 决策权配置与管理者激励 [J]. 财经研究, 2007, 33 (6): 133-143.

[55] Isagawa N. Callable convertible debt under managerial entrenchment [J]. Journal of Corporate Finance, 2002, 8 (3): 255-270.

[56] Van Caneghem T, Van Campenhout G. Quantity and quality of information and SME financial structure [J]. Small Business Economics, 2012, 39 (2): 341-358.

[57] Diamond D W, Verrecchia R E. Disclosure, liquidity, and the cost of capital [J]. The journal of Finance, 1991, 46 (4): 1325-1359.

[58] Yosha O. Information disclosure costs and the choice of financing source [J]. Journal of Financial intermediation, 1995, 4 (1): 3-20.

[59] Sengupta P. Corporate disclosure quality and the cost of debt [J]. Accounting review, 1998: 459-474.

[60] Debreceny R, Gray G L, Rahman A. The determinants of Internet financial reporting [J]. Journal of Accounting and Public Policy, 2003, 21 (4): 371-394.

[61] Cheng M, Dhaliwal D S, Neamtiu M. Asset securitization, securitization recourse, and information uncertainty [J]. The Accounting Review, 2011, 86 (2): 541-568.

[62] Barth M E, Landsman W R. How did financial reporting contribute to the financial crisis? [J]. European accounting review, 2010, 19 (3): 399-423.

[63] Lewis C M, Rogalski R J, Seward J K. Agency problems, information asymmetries, and convertible debt security design [J]. Journal of Financial Intermediation, 1998, 7 (1): 32-59.

[64] Allen J. Starting a technology business [M]. Pitman, 1992.

[65] Ahmed K, Falk H. The value relevance of management's research and development reporting choice: Evidence from Australia [J]. Journal of Accounting and Public Policy, 2006, 25 (3): 231-264.

[66] Aboody D, Lev B. Information asymmetry, R&D, and insider gains [J]. The journal of Finance, 2000, 55 (6): 2747-2766.

[67] La Porta R, Lopez-de-Silanes F, Shleifer A, et al. Legal determinants

of external finance [J]. Journal of finance, 1997: 1131 – 1150.

[68] Mather P. Financial covenants and related contracting processes in the Australian private debt market: an experimental study [J]. Accounting and Business Research, 1999, 30 (1): 29 – 42.

[69] Catasús B, Gröjer J E. Intangibles and credit decisions: results from an experiment [J]. European Accounting Review, 2003, 12 (2): 327 – 355.

[70] Little A D. New Technology – based Firms in the United Kingdom and the Federal Republic of Germany: A Report [M]. Anglo – German Foundation, 1977.

[71] Fagnan D E, Fernandez J M, Lo A W, et al. Can financial engineering cure cancer? [J]. The American Economic Review, 2013, 103 (3): 406 – 411.

[72] Tufano P. Financial innovation [J]. Handbook of the Economics of Finance, 2003 (1): 307 – 335.

[73] Laffont J J, Tirole J. The dynamics of incentive contracts [J]. Econometrica: Journal of the Econometric Society, 1988: 1153 – 1175.

[74] Akerlof G A. The market for "lemons": Quality uncertainty and the market mechanism [J]. The quarterly journal of economics, 1970: 488 – 500.

[75] Fama E F, Jensen M C. Separation of ownership and control [J]. Journal of law and economics, 1983: 301 – 325.

[76] Hart O. Financial Contracting [J]. Journal of Economic Literature, 2001, 34 (4): 1079 – 1100.

[77] Blaug M. Economic theory in retrospect [M]. Cambridge university press, 1997.

[78] Gujarrati D. Econometría, Mac Graw Hill [J]. 1996.

[79] Haavelmo T. The probability approach in econometrics [J]. Econometrica: Journal of the Econometric Society, 1944: 111 – 115.

[80] Tintner G. Methodology of mathematical economics and econometrics [J]. 1968.

[81] Kachelmeier S J, King R R. Using laboratory experiments to evaluate accounting policy issues [J]. Accounting Horizons, 2002, 16 (3): 219 – 232.

[82] Friedman D, Cassar A. Economics lab [J]. An intensive course in experimental economics, 2004.

[83] Croson R. Why and how to experiment: Methodologies from experimental economics [J]. U. Ill. L. Rev., 2002: 921.

[84] Falk A, Fehr E. Why labour market experiments? [J]. Labour Economics, 2003, 10 (4): 399-406.

[85] Friedman D, Sunder S. The Emergence of Experimental Economics [J]. Experimental Methods: A Primer for Economists, 1994.

[86] Smith V L, Suchanek G L, Williams A W. Bubbles, crashes, and endogenous expectations in experimental spot asset markets [J]. Econometrica: Journal of the Econometric Society, 1988: 1119-1151.

[87] Bull C, Schotter A, Weigelt K. Tournaments and piece rates: An experimental study [J]. The Journal of Political Economy, 1987: 1-33.

[88] Gujarati D. Econometría, Mac GrawHill [J]. 1996.

[89] Camerer C F. Behavioral game theory and the neural basis of strategic choice [J]. Neuroeconomics. Decision-Making and the Brain, 2008: 193-206.

[90] Malekan S, Dionne G. Securitization and optimal retention under moral hazard [J]. Journal of Mathematical Economics, 2014, 55: 74-85.

[91] Gebhardt G, Schmidt K M. Conditional allocation of control rights in venture capital finance [J]. Available at SSRN 911527, 2006.

[92] Wang S. Convertibles in Sequential Financing [J]. Review of Finance, 2009, 13 (4): 727-760.

[93] 郭斌, 刘曼路. 民间金融与中小企业发展: 对温州的实证分析 [J]. 经济研究, 2002, 10 (10): 351-382.

[94] Lopez-Gracia J, Aybar-Arias C. An empirical approach to the financial behaviour of small and medium sized companies [J]. Small Business Economics, 2000, 14 (1): 55-63.

[95] 周宗安, 张秀锋. 中小企业融资困境的经济学描述与对策选择 [J]. 金融研究, 2006 (2): 152-158.

[96] Garcia-Fontes W. Small and medium enterprises financing in China [J]. Central Bank of Malaysia Working Paper, 2005.

[97] Dollar D, Hallward-Driemeier M, Shi A, Improving the investment climate in China [J]. Investment Climate Assessment: World Bank and International Fi-

nance Corporation, 2003.

[98] Revest V, Sapio A. Financing technology – based small firms in Europe: what do we know? [J]. Small Business Economics, 2012, 39 (1): 179 – 205.

[99] McKinnon R I. Money and capital in economic development [M]. Brookings Institution Press, 1973.

[100] Shaw E S. Financial deepening in economic development [M]. New York: Oxford University Press, 1973.

[101] Hellmann T, Murdock K, Stiglitz J E. Financial restraint: toward a new paradigm [J]. The role of government in East Asian economic development: Comparative institutional analysis, 1997: 163 – 207.

[102] 李大武. 中小企业融资难的原因剖析及对策选择 [J]. 金融研究, 2001 (10): 124 – 131.

[103] 欧阳凌, 欧阳令南. 中小企业融资瓶颈研究——一个基于产权理论和信息不对称的分析框架 [J]. 数量经济技术经济研究, 2004 (4): 46 – 51.

[104] Stiglitz J E, Weiss A. Credit rationing in markets with imperfect information [J]. The American economic review, 1981: 393 – 410.

[105] Williamson S D. Costly monitoring, loan contracts, and equilibrium credit rationing [J]. The Quarterly Journal of Economics, 1987: 135 – 145.

[106] Guzman M G. Bank structure, capital accumulation and growth: a simple macroeconomic model [J]. Economic Theory, 2000, 16 (2): 421 – 455.

[107] 林毅夫, 李永军. 中小金融机构发展与中小企业融资 [J]. 经济研究, 2001, 1 (10): 10 – 18.

[108] 陈晓红, 刘剑. 不同成长阶段下中小企业融资方式选择研究 [J]. 管理工程学报, 2006 (1): 1 – 6.

[109] Cefis E, Marsili O. Survivor: The role of innovation in firms' survival [J]. Research Policy, 2006, 35 (5): 626 – 641.

[110] Müller E, Zimmermann V. The importance of equity finance for R&D activity [J]. Small Business Economics, 2009, 33 (3): 303 – 318.

[111] Hall G C, Hutchinson P J, Michaelas N. Determinants of the capital structures of European SMEs [J]. Journal of Business Finance & Accounting, 2004, 31 (5 – 6): 711 – 728.

[112] Czarnitzki D, Hottenrott H. R&D investment and financing constraints of small and medium – sized firms [J]. Small Business Economics, 2011, 36 (1): 65 – 83.

[113] Hall B H. The financing of research and development [J]. Oxford review of economic policy, 2002, 18 (1): 35 – 51.

[114] Czarnitzki D, Kraft K. Firm leadership and innovative performance: Evidence from seven EU countries [J]. Small Business Economics, 2004, 22 (5): 325 – 332.

[115] Fritsch M, Schilder D. Is venture capital a regional business? The role of syndication [R]. Freiberg working papers, 2006.

[116] Alderson M J, Betker B L. Liquidation costs and accounting data [J]. Financial Management, 1996: 25 – 36.

[117] Schumpeter J. The Theory of Economic Development [J]. European Heritage in Economics & the Social Sciences, 1934: 61 – 116.

[118] Hall B H. Investment and Research and Development at the Firm Level: Does the Source of Financing Matter? [J]. Social Science Electronic Publishing, 1992.

[119] Petersen B C, Carpenter R E. Is the Growth of Small Firms Constrained by Internal Finance? [J]. Review of Economics & Statistics, 2002, 84 (2): 298 – 309.

[120] Bencivenga V R, Smith B D, Starr R M. Transactions Costs, Technological Choice, and Endogenous Growth [J]. Journal of Economic Theory, 1995, 67 (1): 153 – 177.

[121] Morck R, Nakamura M. Banks and Corporate Control in Japan [J]. Journal of Finance, 1999, volume 54 (1): 319 – 339 (21).

[122] Allen F, Gale D. Financial Fragility, Liquidity and Asset Prices, Working Paper 01 – 37 [J]. NYU Working Paper No. S – FI – 03 – 07, 2003, 2 (6): 1015 – 1048.

[123] Michelacci C, Suarez J. Business Creation and the Stock Market [J]. General Information, 2004, 71 (2): 459 – 481.

[124] Saint – Paul G. Technological choice, financial markets and economic development [J]. European Economic Review, 1992, 36 (4): 763 – 781.

[125] King R G, Levine R. Finance, entrepreneurship and growth [J]. Journal of Monetary economics, 1993, 32 (3): 513-542.

[126] Himmelberg C P, Petersen B C. R&D and Internal Finance: A Panel Study of Small Firms in High-Tech Industries [J]. Review of Economics & Statistics, 1994, 76 (1): 38-51.

[127] Aghion P, Tirole J. The management of innovation [J]. The Quarterly Journal of Economics, 1994: 1185-1209.

[128] Keuschnigg C, Bo Nielsen S. Progressive taxation, moral hazard, and entrepreneurship [J]. Journal of Public Economic Theory, 2004, 6 (3): 471-490.

[129] An X, Deng Y, Gabriel S A. Asymmetric information, adverse selection, and the pricing of CMBS [J]. Journal of Financial Economics, 2011, 100 (2): 304-325.

[130] Agarwal S, Chang Y, Yavas A. Adverse selection in mortgage securitization [J]. Journal of Financial Economics, 2012, 105 (3): 640-660.

[131] Benmelech E, Dlugosz J, Ivashina V. Securitization without adverse selection: The case of CLOs [J]. Journal of Financial Economics, 2012, 106 (1): 91-113.

[132] Iacobucci E M, Winter R A. Asset securitization and asymmetric information [J]. The Journal of Legal Studies, 2005, 34 (1): 161-206.

[133] Hartman-Glaser B, Piskorski T, Tchistyi A. Optimal securitization with moral hazard [J]. Journal of Financial Economics, 2012, 104 (1): 186-202.

[134] Downing C, Jaffee D, Wallace N. Is the market for mortgage-backed securities a market for lemons? [J]. Review of Financial Studies, 2009, 22 (7): 2457-2494.

[135] Mian A, Sufi A. The consequences of mortgage credit expansion: Evidence from the 2007 mortgage default crisis [R]. National Bureau of Economic Research, 2008.

[136] Brennan M, Kraus A. Efficient financing under asymmetric information [J]. Journal of Finance, 1987: 1225-1243.

[137] Brennan M J, Schwartz E S. THE CASE FOR CONVERTIBLES * [J]. Journal of Applied Corporate Finance, 1988, 1 (2): 55-64.

[138] Stein J C. Convertible bonds as backdoor equity financing [J]. Journal of Financial Economics, 1992, 32 (1): 3-21.

[139] Chakraborty A, Yilmaz B. Adverse selection and convertible bonds [J]. The Review of Economic Studies, 2011, 78 (1): 148-175.

[140] Green R C. Investment incentives, debt, and warrants [J]. Journal of financial Economics, 1984, 13 (1): 115-136.

[141] Myers S C. The capital structure puzzle [J]. The journal of finance, 1984, 39 (3): 574-592.

[142] Schmidt K M. Convertible securities and venture capital finance [J]. The Journal of Finance, 2003, 58 (3): 1139-1166.

[143] Wang S, Zhou H. Staged financing in venture capital: moral hazard and risks [J]. Journal of Corporate Finance, 2004, 10 (1): 131-155.

[144] 徐细雄. 基于控制权动态配置的可转债契约对管理者激励约束效应的研究 [D]. 西安：西安交通大学, 2007.

[145] 苏启林, 申明浩. 不完全契约理论与应用研究最新进展 [J]. 外国经济与管理, 2005, 27 (9): 16-23.

[146] Williamson O E. The theory of the firm as governance structure: from choice to contract [J]. Journal of economic perspectives, 2002: 171-195.

[147] Rajan R G, Zingales L. Power in a Theory of the Firm [R]. National Bureau of Economic Research, 1997.

[148] Rasmussen C, Rechter L, Schmidt I, et al. The association of the involvement of financial compensation with the outcome of cervicobrachial pain that is treated conservatively [J]. Rheumatology, 2001, 40 (5): 552-554.

[149] Segal I. Complexity and renegotiation: A foundation for incomplete contracts [J]. The Review of Economic Studies, 1999, 66 (1): 57-82.

[150] Anderlini L, Felli L. Incomplete contracts and complexity costs [J]. Theory and decision, 1999, 46 (1): 23-50.

[151] Maskin E, Tirole J. Unforeseen contingencies and incomplete contracts [J]. The Review of Economic Studies, 1999, 66 (1): 83-114.

[152] 李伟, 成金华. 基于信息不对称的中小企业融资的可行性分析 [J]. 世界经济, 2005, (11): 71-77.

[153] Cassar G, Ittner C D, Cavalluzzo K S. Alternative information sources and information asymmetry reduction: Evidence from small business debt [J]. Journal of Accounting and Economics, 2015, 59 (2): 242 – 263.

[154] Jones D A. Voluntary Disclosure in R&D – Intensive Industries [J]. Contemporary Accounting Research, 2007, 24 (2): 489 – 522.

[155] Mac an Bhaird C, Lucey B. Determinants of capital structure in Irish SMEs [J]. Small business economics, 2010, 35 (3): 357 – 375.

[156] Serrasqueiro Z S, Armada M R, Nunes P M. Pecking Order Theory versus Trade – Off Theory: are service SMEs' capital structure decisions different? [J]. Service Business, 2011, 5 (4): 381 – 409.

[157] Degryse H, de Goeij P, Kappert P. The impact of firm and industry characteristics on small firms' capital structure [J]. Small Business Economics, 2012, 38 (4): 431 – 447.

[158] Sohl J E, Wetzel W E. Small Firms and Superfund: Assessing the Impact [J]. Journal of Entrepreneurial Finance, 1994, 3 (2): 141 – 157.

[159] Elijah Brewer I, Genay H, Iii W E J, A Trojan horse or the golden fleece? small business investment companies and government guarantees [J]. Working Paper, 1997.

[160] Fluck Z. Optimal Financial Contracting: Debt versus Outside Equity [J]. Review of Financial Studies, 1998, 11 (2): 383 – 418.

[161] Maurizio La Rocca, Tiziana La Rocca, AlfioCariola. Capital Structure Decisions During a Firm's Life Cycle [J]. Small Business Economics, 2011.

[162] Jensen M C, Meckling W H. Agency Costs and the Theory of the Firm [J]. Journal of Financial Economics, 1976, 3 (4): 305 – 360.

[163] Hand J H, Rogow R B. Agency Relationships in the Close Corporation [J]. Financial Management, 1982, 11 (1): 25 – 30.

[164] Jensen M C. Agency Costs Of Free Cash Flow, Corporate Finance, And Takeovers [J]. American Economic Review, 1986, 76 (2): 323 – 29.

[165] Robichek A A, Horne J C V. ABANDONMENT VALUE AND CAPITAL BUDGETING [J]. General Information, 1967, 22 (4): 577 – 589.

[166] Kraus A, Litzenberger R H. A State – Preference Model of Optimal Finan-

cial Leverage [J]. Journal of Finance, 1973, 28 (4): 911 – 22.

[167] Jobst A A. Asset securitisation as a risk management and funding tool: What small firms need to know [J]. Managerial Finance, 2006, 32 (9): 731 – 760.

[168] Pandey et al., Intellectual Property Valuation: A Critical Aspect of IP Securitization [J]. Ssrn Electronic Journal, 2006.

[169] Franke G, Hein J. Securitization of mezzanine capital in Germany [J]. Financial Markets & Portfolio Management, 2008, 22 (3): 219 – 240.

[170] Odasso M C, Ughetto E. Patent – backed securities in pharmaceuticals: what determines success or failure? [J]. Social Science Electronic Publishing, 2011, 41 (3): 219 – 239.

[171] Rassenfosse G D. On the Price Elasticity of Demand for Patents [J]. Oxford Bulletin of Economics & Statistics, 2012, 74 (1): 58 – 77.

[172] 艾毓斌, 黎志成. 知识产权证券化: 知识资本与金融资本的有效融合 [J]. 研究与发展管理, 2004 (3): 22 – 27.

[173] 余振刚, 邱菀华, 余振华. 我国知识产权证券化理论与发展策略研究 [J]. 科学学研究, 2007, 25 (6): 1077 – 1082.

[174] 郭淑娟, 昝东海. 高新技术产业知识产权证券化融资探析 [J]. 科学学与科学技术管理, 2010, 31 (4): 61 – 65.

[175] Nachman D C, Noe T H. Optimal design of securities under asymmetric information [J]. Review of Financial Studies, 1994, 7 (1): 1 – 44.

[176] DeMarzo P M. The pooling and tranching of securities: A model of informed intermediation [J]. Review of Financial Studies, 2005, 18 (1): 1 – 35.

[177] DeMarzo P M, Sannikov Y. Optimal Security Design and Dynamic Capital Structure in a Continuous – Time Agency Model [J]. The Journal of Finance, 2005, 61 (6): 2681 – 2724.

[178] Sannikov Y. A continuous – time version of the principal – agent problem [J]. The Review of Economic Studies, 2008, 75 (3): 957 – 984.

[179] Bancel F, Mittoo U R. Why do European firms issue convertible debt? [J]. European Financial Management, 2004, 10 (2): 339 – 373.

[180] 何佳, 夏晖. 有控制权利益的企业融资工具选择 [J]. 经济研究,

2005 (4): 6-76.

[181] Vauhkonen J. Financial contracts and contingent control rights [J]. Bank of Finland Discussion Paper, 2003 (14).

[182] Grossman S J, Hart O D. One share-one vote and the market for corporate control [J]. Journal of financial economics, 1988 (20): 175-202.

[183] Aguilar L A. Speech by SEC commissioner: facilitating real capital formation [C] //Council of Institutional Investors Spring Meeting, US Securities and Exchange Commission, Washington, DC. 2011.

[184] Aghion P, Akcigit U, Howitt P. What do we learn from Schumpeterian growth theory? [R]. National Bureau of Economic Research, 2013.

[185] Davila A, Foster G, Gupta M. Venture capital financing and the growth of startup firms [J]. Journal of business venturing, 2003, 18 (6): 689-708.

[186] Santos F M. A positive theory of social entrepreneurship [J]. Journal of business ethics, 2012, 111 (3): 335-351.

[187] 张高擎, 廉鹏. 可转债融资与机构投资者侵占行为——基于华菱管线可转债案例研究 [J]. 管理世界, 2009 (B02): 110-120.

[188] Liyanarachchi G A, Milne M J. Comparing the investment decisions of accounting practitioners and students: an empirical study on the adequacy of student surrogates [C]//Accounting Forum. Elsevier, 2005, 29 (2): 121-135.

[189] Ashton R H, Kramer S S. Students as surrogates in behavioral accounting research: Some evidence [J]. Journal of Accounting Research, 1980: 1-15.

[190] Houghton K A, Hronsky J J F. The sharing of meaning between accounting students and members of the accounting profession [J]. Accounting & Finance, 1993, 33 (2): 131-147.

[191] Dyer D, Kagel J H, Levin D. A comparison of naive and experienced bidders in common value offer auctions: A laboratory analysis [J]. The Economic Journal, 1989: 108-115.

[192] Mestelman S, Feeny D. Does ideology matter? Anecdotal experimental evidence on the voluntary provision of public goods [J]. Public Choice, 1988, 57 (3): 281-286.

[193] Cooper D J, Kagel J H, Lo W, et al. Gaming against managers in incen-

tive systems: Experimental results with Chinese students and Chinese managers [J]. American Economic Review, 1999: 781-804.

[194] List J A. Does Market Experience Eliminate Market Anomalies? [J]. The Quarterly Journal of Economics, 2003, 118 (1): 41-71.

[195] Fehr E, List J A. The hidden costs and returns of incentives—trust and trustworthiness among CEOs [J]. Journal of the European Economic Association, 2004, 2 (5): 743-771.

[196] Locke E A. Generalizing from laboratory to field settings: Research findings from industrial-organizational psychology, organizational behavior, and human resource management [M]. Free Press, 1986.

[197] Plott C R, Porter D P. Market architectures and institutional testbedding: An experiment with space station pricing policies [J]. Journal of Economic Behavior & Organization, 1996, 31 (2): 237-272.

[198] Wartick M L, Madeo S A, Vines C C. Reward dominance in tax-reporting experiments: The role of context [J]. Journal of the American Taxation Association, 1999, 21 (1): 20-31.

[199] 谢刚. 基于控制权动态配置的可转债融资契约设计研究 [D]. 西安: 西安交通大学, 2006.

[200] Anderhub V, Gächter S, Königstein M. Efficient contracting and fair play in a simple principal-agent experiment [J]. Experimental Economics, 2002, 5 (1): 5-27.

[201] 徐细雄, 淦未宇, 万迪昉. 企业控制权动态配置的内在机理及其治理效应——实验的证据 [J]. 经济科学, 2008 (4): 87-98.

[202] Yavas A, Miceli T J, Sirmans C F. An experimental analysis of the impact of intermediaries on the outcome of bargaining games [J]. Real Estate Economics, 2001, 29 (2): 251-276.

[203] Cole S, Kanz M, Klapper L. Incentivizing Calculated Risk-Taking: Evidence from an Experiment with Commercial Bank Loan Officers [J]. The Journal of Finance, 2014.

[204] Grunert J, Norden L. Bargaining power and information in SME lending [J]. Small Business Economics, 2012, 39 (2): 401-417.

[205] Black F, Cox J C. Valuing corporate securities: Some effects of bond indenture provisions [J]. The Journal of Finance, 1976, 31 (2): 351-367.

[206] Duffie D, Singleton K J. Credit risk: pricing, measurement, and management [M]. Princeton University Press, 2012.

[207] Schotter A, Weigelt K. Asymmetric tournaments, equal opportunity laws, and affirmative action: Some experimental results [J]. The Quarterly Journal of Economics, 1992: 511-539.

[208] Nalbantian H R, Schotter A. Productivity under group incentives: An experimental study [J]. The American Economic Review, 1997: 314-341.

[209] 谢识予, 孙碧波, 朱弘鑫, 等. 两次风险态度实验研究及其比较分析 [J]. 金融研究, 2007 (11A): 57-66.

[210] Ederer F, Manso G. Is Pay for Performance Detrimental to Innovation? [J]. Management Science, 2013, 59 (7): 1496-1513.

[211] Luo J, Wan D, Yang Y, The effect of differentiated margin on futures market investors' behavior and structure: An experimental research [J]. China Finance Review International, 2011, 1 (2): 133-151.

[212] 李旭, 余璐玥. 我国 R&D 投入对 GDP 贡献的时效和强度研究 [J]. 研究与发展管理, 2011, 23 (4): 59-65.

[213] 蔡虹, 许晓雯. 我国技术知识存量的构成与国际比较研究 [J]. 研究与发展管理, 2005, 17 (4): 15-20.

[214] Dodd P, Warner J B. On corporate governance: A study of proxy contests [J]. Journal of financial Economics, 1983, 11 (1): 401-438.

[215] Mulherin J H, Poulsen A B. Proxy contests and corporate change: implications for shareholder wealth [J]. Journal of Financial Economics, 1998, 47 (3): 279-313.

[216] Shleifer A, Vishny R W. Liquidation values and debt capacity: A market equilibrium approach [J]. The Journal of Finance, 1992, 47 (4): 1343-1366.

[217] Bah R, Dumontier P. R&D intensity and corporate financial policy: Some international evidence [J]. Journal of Business Finance & Accounting, 2001, 28 (5-6): 671-692.

[218] Dutta S, Trueman B. The interpretation of information and corporate dis-

closure strategies [J]. Review of Accounting Studies, 2002, 7 (1): 75-96.

[219] 周兰,宋雁群. 高新技术企业 R&D 资本化的信息有用性研究 [J]. 中央财经大学学报, 2011 (9): 92-96.

[220] 姚靠华,唐家财,蒋艳辉. 研发投入,研发项目进展与股价波动——基于创业板上市高新技术企业的实证研究 [J]. 中国管理科学, 2013 (21): 205-213.

[221] DiMasi J A. Success rates for new drugs entering clinical testing in the United States [J]. Clinical Pharmacology & Therapeutics, 1995, 58 (1): 1-14.

[222] Xu B. R&D Progress, stock price volatility, and post-announcement drift: An empirical investigation into biotech firms [J]. Review of Quantitative Finance and Accounting, 2006, 26 (4): 391-408.

[223] Botosan C A. Disclosure level and the cost of equity capital [J]. Accounting review, 1997: 323-349.

[224] 王小荣,卜伟. 我国高新技术类上市公司 R&D 支出披露的现状考察——基于 2002-2006 年年报的数据 [J]. 中国管理信息化, 2008, 11 (3): 26-28.

[225] 韩鹏,彭韶兵. 研发信息披露质量测度及制度改进 [J]. 财经科学, 2012 (7): 103-110.

[226] 李增泉,辛显刚,于旭辉. 金融发展,债务融资约束与金字塔结构——来自民营企业集团的证据 [J]. 管理世界, 2008 (1): 123-135.

[227] Wu J, Tu R. CEO stock option pay and R&D spending: a behavioral agency explanation [J]. Journal of Business Research, 2007, 60 (5): 482-492.

[228] 陈守明,冉毅,陶兴慧. R&D 强度与企业价值——股权性质和两职合一的调节作用 [J]. 科学学研究, 2012, 30 (3): 441-448.

[229] Scherr F C, Sugrue T F, Ward J B. Financing the small firm start-up: Determinants of debt use [J]. The Journal of Entrepreneurial Finance, 1993, 3 (1): 17-36.

[230] Arikawa Y. 4 Financial systems and economic development [J]. Miraculous Growth and Stagnation in Post-War Japan, 2011: 40.

[231] Hovakimian A, Hovakimian G, Tehranian H. Determinants of target capital structure: The case of dual debt and equity issues [J]. Journal of Financial Eco-

nomics, 2004, 71 (3): 517-540.

[232] Titman S, Wessels R. The determinants of capital structure choice [J]. The Journal of finance, 1988, 43 (1): 1-19.

[233] Hogan T, Hutson E. Capital structure in new technology-based firms: Evidence from the Irish software sector [J]. Global Finance Journal, 2005, 15 (3): 369-387.

[234] Flannery M J. Asymmetric information and risky debt maturity choice [J]. The Journal of Finance, 1986, 41 (1): 19-37.

[235] David A. Inflation uncertainty, asset valuations, and the credit spreads puzzle [J]. Review of Financial Studies, 2008, 21 (6): 2487-2534.

[236] Belin J, Cavaco S, Guille M. Financial structure: Does R&D affect Debtfinancing? [C]//Thematic Meeting of the French Economic Association (AFSE), Firms, Markets and Innovation-25/26 juin. 2009.

[237] Hirukawa M, Ueda M. Venture capital and innovation: which is first? [J]. Pacific Economic Review, 2011, 16 (4): 421-465.

[238] Teixeira A A C, Fortuna N. Human capital, R&D, trade, and long-run productivity. Testing the technological absorption hypothesis for the Portuguese economy, 1960-2001 [J]. Research Policy, 2010, 39 (3): 335-350.

[239] Mukherjee A, Singh M, Zaldokas A. Do Corporate Taxes Hinder Innovation? [J]. Available at SSRN 2365980, 2014.

[240] Larcker D F, Rusticus T O. On the use of instrumental variables in accounting research [J]. Journal of Accounting and Economics, 2010, 49 (3): 186-205.

[241] Seifert B, Gonenc H. Creditor rights and R&D expenditures [J]. Corporate Governance: An International Review, 2012, 20 (1): 3-20.